未来年表　人口減少危機論のウソ

髙橋洋一
Yoichi Takahashi

装幀……(有)堀図案室
帯写真…難波雄史

本書は、２０１８年9月末時点の情報に基づき執筆されています。

日本の未来年表

年代	懸念されている出来事	本書の見解
2023年	労働力人口が5年間で300万人も減り、日本経済が大打撃を受ける	適切な金融政策で非労働力人口が労働力人口に転じるし、効率化を図るための技術革新でむしろ生産性が向上する
2025年	人口減少は日本経済の中心である東京にも容赦なく襲いかかる	東京在住者にしてみれば、東京に人が集まってくるのは迷惑でしかないから、ちょうどいい
2027年	ガンや心臓病、白血病などのために使われる輸血用の血液が不足する	人口が減ればいずれは輸血対象者も減るわけなのでそれほど影響はない
2030年	地方の生産年齢人口が激減し、地方税収が落ち込む	支出サイドも減る。また、現在は国税となっている消費税を地方に税源移譲すればいい
2033年	空き家が約2000万戸になり、老朽マンションがスラム化する	空き家を潰すか他に活用すればいいし、すでに空き家活用のビジネスは生まれている

２０３５年	男性の３人に１人、女性の５人に１人が生涯未婚になり、少子化が進む	婚姻届を出していない男女間の子どもである「婚外子」を制度的に認めれば、出生数も上がる
２０３９年	国内死亡者数が年間約１６８万人に達し、東京を中心に火葬場不足に陥る	火葬場不足でニーズがあるならそれはビジネスチャンスなので、単純に火葬場を増やせばいい
２０４０年	自治体の半数が消滅の危機に陥り、行政運営に支障が出る	困るのはポストを失う公務員だけ。むしろ自治体を合併させた方が行政上効率化が図れる
２０５０年	団塊ジュニア世代が75歳以上となるため、社会保障制度が崩壊の危機に直面する	年金は保険と同じ仕組みである。保険数理さえ知っていれば、年金が崩壊しないことは明らか
２０６０年	大量の外国人が押し寄せ、合法的に日本国内に〝外国の領土〟ができてしまう	人手不足は外国人労働力ではなくＡＩで補うべき
２０６５年	総人口が約８８００万人、２・５人に１人が高齢者となり、日本は貧しい国になる	人口が減少しても、ＧＤＰ成長率への影響は最大０・７％程度だし、生活水準といった家計の話とは別の問題

目次

序章

「人口減少危機論＝人口増加幸福論」の罪

人口減少が危機だと叫ぶ人の正体

日本の行く末を論じる上で、巷で騒がれているのが「少子高齢化で人口減少時代に突入するから何かと大変」という話題だ。国立社会保障・人口問題研究所によれば、日本の人口は、2065年に約8800万人まで減少する一方で、高齢者の割合は4割近くに上昇すると推計されている。

この推計に乗っかって、新聞、書籍、経済誌、ネット記事に至るまで、人口減少時代に起こるであろう、ありとあらゆる危機の事象予測とそれに対する処方箋が考察されている。まるで、人口増加こそが幸福をもたらすかのような風潮だ。

その火に油を注いだのが、2017年6月に発刊された河合雅司氏の著書『未来の年表』（講談社現代新書）だ。これが45万部を超える大ベストセラーとなり、類似したムック本が複数出版されるなど、世間の耳目を引いている。

とはいっても、実はこの「人口減少危機論＝人口増加幸福論」を支持する〝世間〟とは、主に地方公共団体の関係者だと筆者は見ている。人口が減り続けたら、最も困るのは彼らだからだ。

人口減少シナリオ

年次	人口（1000人）	
	総人口	65歳以上人口（割合）
2015	127,095	33,868（26.6%）
2016	126,838	34,585（27.3%）
2017	126,532	35,163（27.8%）
2018	126,177	35,606（28.2%）
2019	125,773	35,916（28.6%）
2020	125,325	36,192（28.9%）
2021	124,836	36,386（29.1%）
2022	124,310	36,479（29.3%）
2023	123,751	36,584（29.6%）
2024	123,161	36,704（29.8%）
2025	122,544	36,771（30.0%）
2026	121,903	36,805（30.2%）
2027	121,240	36,840（30.4%）
2028	120,555	36,905（30.6%）
2029	119,850	36,990（30.9%）
2030	119,125	37,160（31.2%）
2031	118,380	37,000（31.3%）
2032	117,616	37,197（31.6%）
2033	116,833	37,383（32.0%）
2034	116,033	37,592（32.4%）
2035	115,216	37,817（32.8%）
2036	114,383	38,084（33.3%）
2037	113,535	38,391（33.8%）
2038	112,674	38,724（34.4%）
2039	111,801	39,016（34.9%）
2040	110,919	39,206（35.3%）
2041	110,028	39,318（35.7%）
2042	109,131	39,352（36.1%）
2043	108,229	39,346（36.4%）
2044	107,326	39,285（36.6%）
2045	106,421	39,192（36.8%）
2046	105,518	39,046（37.0%）
2047	104,616	38,894（37.2%）
2048	103,716	38,749（37.4%）
2049	102,819	38,594（37.5%）
2050	101,923	38,406（37.7%）
2051	101,029	38,177（37.8%）
2052	100,135	37,934（37.9%）
2053	99,240	37,665（38.0%）
2054	98,342	37,365（38.0%）
2055	97,441	37,042（38.0%）
2056	96,534	36,703（38.0%）
2057	95,622	36,372（38.0%）
2058	94,702	36,029（38.0%）
2059	93,775	35,711（38.1%）
2060	92,840	35,403（38.1%）
2061	91,897	35,081（38.2%）
2062	90,949	34,766（38.2%）
2063	89,994	34,456（38.3%）
2064	89,036	34,132（38.3%）
2065	88,077	33,810（38.4%）

国立社会保障・人口問題研究所「日本の将来推計人口（平成29年推計）」より

自治体の合併の歴史

年月	自治体数			
	計	市	町	村
1888年（明治21年）	71,314	－	71,314	－
1889年（明治22年）	15,859	39	15,820	－
1922年（大正11年）	12,315	91	1,242	10,982
1945年（昭和20年10月）	10,520	205	1,797	8,518
1947年（昭和22年8月）	10,505	210	1,784	8,511
1953年（昭和28年10月）	9,868	286	1,966	7,616
1956年（昭和31年4月）	4,668	495	1,870	2,303
1956年（昭和31年9月）	3,975	498	1,903	1,574
1961年（昭和36年6月）	3,472	556	1,935	981
1962年（昭和37年10月）	3,453	558	1,982	913
1965年（昭和40年4月）	3,392	560	2,005	827
1975年（昭和50年4月）	3,257	643	1,974	640
1985年（昭和60年4月）	3,253	651	2,001	601
1995年（平成7年4月）	3,234	663	1,994	577
1999年（平成11年4月）	3,229	671	1,990	568
2002年（平成14年4月）	3,218	675	1,981	562
2004年（平成16年5月）	3,100	695	1,872	533
2005年（平成17年4月）	2,395	739	1,317	339
2006年（平成18年3月）	1,821	777	846	198
2010年（平成22年4月）	1,727	786	757	184
2014年（平成26年4月）	1,718	790	745	183

総務省「市町村数の変遷と明治・昭和の大合併の特徴」より

というのも、その地域の人口が減れば当然、いずれは行政規模の適正化のため、市町村を合併しなければならない。民間企業なら地方の支店を減らすくらいで済むが、地方公共団体はそうはいかない。

日本では過去3回、自治体が大合併した歴史がある。日本には1888年（明治21年）時点で、自然集落の町単位で7万以上もの自治体があったが、翌1889年の「明治の大合併」によって、1万5859の市町に再編された。

戦後も市町村合併は進み、「昭和の大合併」「平成の大合併」を経て、2014年（平成26年）の合併を最後に全国自治体数は1718で止まっている。政府は、もともと自治体数を１０００にすることを目標に掲げていたから、さらに合併が進むかもしれない。

このように過去を振り返ると、人口増加時代にあっても自治体の数は減っている。そこには行政の効率化という大きなメリットがあったからだ。したがって、人口減少で地方自治体が消滅するという相関関係は必ずしも成立しないことが分かる。

自治体が合併すれば、２つの役場が１つで済むわけだから、課長や係長といったポストも１つずつ失うことになるだろう。あるいは将来的にリストラで職場そのものを失うかもしれない。事実、ピークの１９９４年には約３２８万人もいた地方公務員の数は、その後減少を続け、２０１７年には約２７４万人と50万人以上減った。

そこで、地方役人らは何とかして糊口をしのごうと、「地域に人口を増やそう」と主張しまくる。これが、自己保身的な危機感から人口減少危機論を支持する〝世間〟の正体だ。日本は地方公務員が減ったとはいっても、まだ約２７４万人いて、その家族も含めれば、1世帯当たり４人と仮定しても１０００万人近くの関係者がいることになる。天下りした元公務員なども含めれば、どれくらいの数になるか。

その他にも、人口減少で危機を煽る人がいる。これは、世間で言うコメンテーターだろう。何でも人口減少が原因と言っておけば済む。後で本書でも触れるが、ちょっと前にも、デフレは人口減少が理由だと煽る本が売れた。アベノミクスになってから、異次元金融緩和で十分なインフレ率ではないが、かつてのマイナスではなくなった。

2014年の消費増税で物価の上がりは抑えられてしまった。もし消費増税していなかったら、今頃はデフレ脱却宣言という状態だっただろう。実際、2014年の消費増税当時には、インフレ率が1・5％程度まで高くなっていたが、消費増税で消費需要が減退して、インフレ率はプラスであるが低迷している。

デフレに限らず、何でも人口減少のためと言っておけば、誰も傷がつかないので、これはいい方便になる。人口減少は実際に起こっていることなので、それと因果関係はなくとも、同時進行している社会の諸問題と関係付けて説明されると、一般の人を騙しやすいのだ。人口減少を叫び危機感を煽る人は、こういった人々である。

解明できていない出生率低下の要因

人口は出生率と死亡率で決まるが、先進国の出生率は低下傾向にある。

出生数と合計特殊出生率

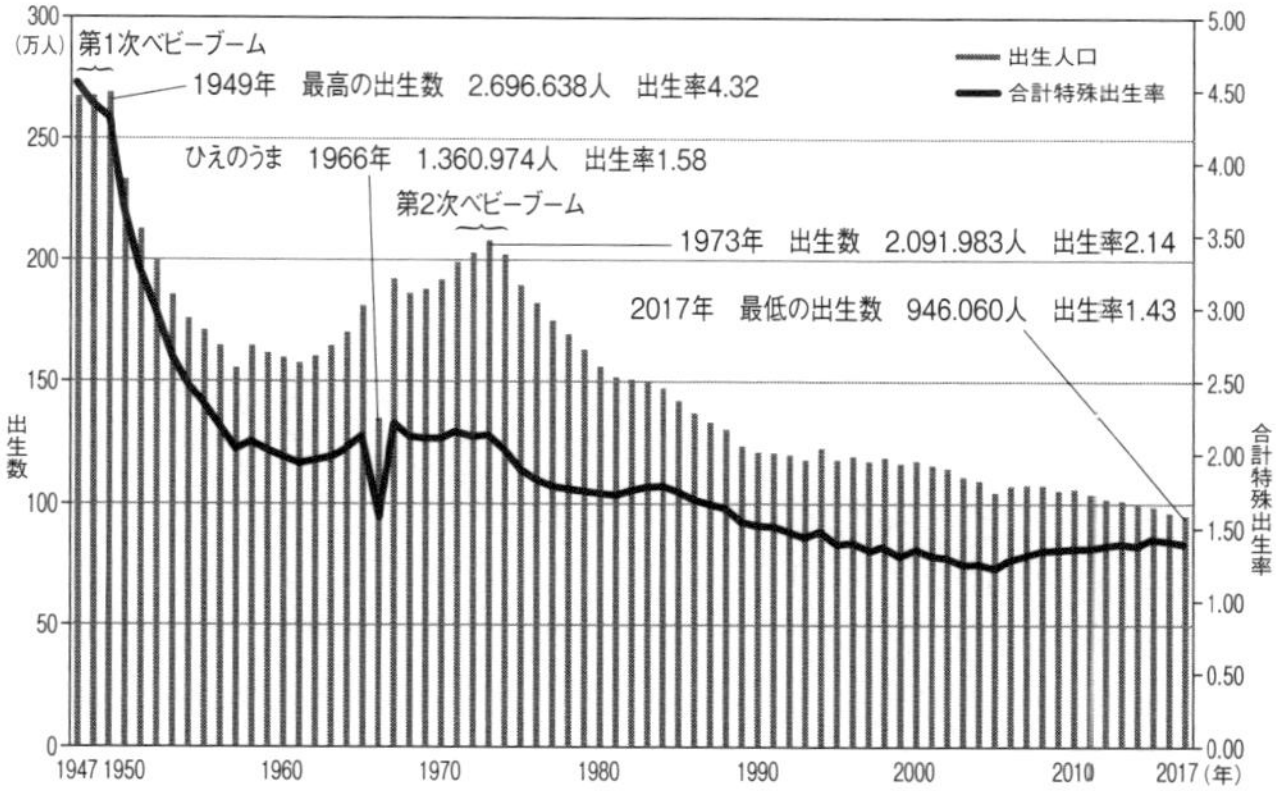

厚生労働省「人口動態統計」より

ここでいう出生率とは、人口統計上の指標で、１人の女性が出産可能とされる15歳から49歳までに産む子どもの数の平均（合計特殊出生率）のことだ。

厚生労働省の人口動態統計によると、２０１７年の出生数は前年より３万人余り少ない約94万人となり、過去最低を更新。合計特殊出生率は１・43と２年連続で低下した。

日本の人口が減少し続けないためには、出生率を最低でも１・８にする必要があるとされている。この「出生率１・８」という目標は、出産を希望する女性全員が出産できた場合に達成できる水準だ。

出生率低下の要因は複雑で、過去にも色々な観測が出ていた。例えば、昔と比べて日本人の食生活などが改善し、現代では幼児死亡率が下がり、それによって親が〝老後の保険〟として子どもをたくさん産む必要がなくなった。あるいは、都市化による生活環境や家族観の変化などがそれに当たる。

また、1992年にノーベル経済学賞を受賞したアメリカの経済学者ゲーリー・ベッカー氏は、ミクロ経済学に基づいた出生行動を分析している。それによれば、子どもは親に心理的な満足感を与える耐久消費財とみなされ、親の消費水準とのバランスで合理的に子どもの数と質が選択されるという。

こうした出生率の理屈は色々とつけられるが、複雑で一概に言えない面もあり、まだ正確には解明できていない。日本の出生率については、2005年より多少は改善されてはいるものの、なかなか向上策の決め手が見つからない状況なのだ。

なお、左図は、政府の出生率推計がこれまでいかに間違っていたかを示すものとして有名だが、最後の2002年推計はあまり外れていない。2005年の出生率は1・26だったが、2016年では1・44と回復して、2002年推計通りになっている。現実の値が、2005年くらいで切れているのは意図的なモノを感じざるを得ない。

今のところ、出生率は政府の想定内の動きなのだ。一方で、日本人の平均寿命は延びて

政府の出生率予測

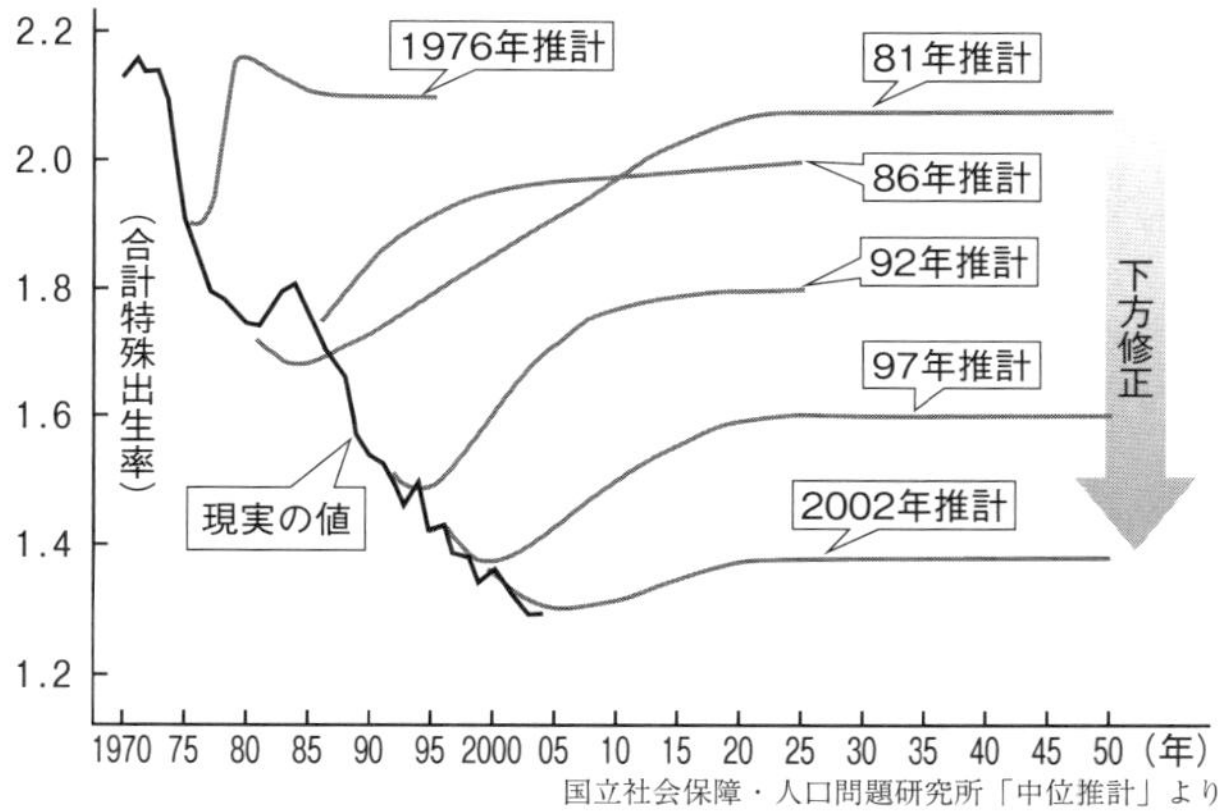

国立社会保障・人口問題研究所「中位推計」より

いるものの頭打ちになりつつある。そのため、死亡率については、今後の推移が比較的予測しやすい。

　このように、日本は人口減少が避けられないという前提で見ておけば、将来の人口動向を予想し、それに備えた様々な制度設計ができるのだ。本当の危機は、「想定外」の事態であるが、人口問題については今のところ「想定内」にとどまっている。

　だから、『未来の年表』にあるような問題点のほとんどは、「特に問題はない」の一言で片付いてしまう。

　詳しくは次章以降で述べるが、例えば女性の半数が50歳を超えるとか、全国民の３人に１人が65歳以上になり高齢者人口がピークになるとしても特に問題はない。

あるいは、輸血用血液が不足するとしても、人口が減れば輸血対象者も減るわけだからさほど影響もない。3戸に1戸が空き家になったとしても、それを潰すか他に活用すればいいし、すでに空き家活用のビジネスは生まれている。火葬場が不足するとも危惧されているが、もしその時にニーズがあるならばそれはビジネスチャンスなので、単純に火葬場を増やせばいいだけの話だ。

前述の自治体消滅の話もそうだが、いずれにせよ人口減少によって生じる問題は大したことはない。

地方の事例は都市部には役立たず

出生率を増やそうという話でありがちなのは、「過疎地域の○○県○○町で人口が増えている秘訣」といった遠い地方の事例をかき集めて記事にすることだ。「少子高齢化が地方経済に深刻な影響を与える」という枕詞からだいたい始まり、その自治体が独自の取り組みで出生率2・00以上を達成したから「参考にすべし」という結論になる。

その奇跡の秘密は、よく見てみると何ということはない。1世帯当たりの出生数に応じ、第1子が生まれたら10万円、第3子なら20万円といった子育て支援があったり、保育料の軽減が第1子で国基準の55％、第2子が半額、第3子以降は無料になる制度があったり、不妊治療、出産祝い、保育料といった各種助成金が手厚いという話に行き着く。

この数字は一例で、自治体によって制度の有無も含めてまちまちだから、こんな記事は少なくとも人口減少問題を考える上では全く役に立たない。なぜなら、「これらの施策が東京でも有効か」と問われれば「有効かどうかなんて試しようがないし、分かるわけがない」としか言えないからだ。

財政状況、人口数、地場産業、郷土文化など、その土地特有の事情がある以上、仮に東京のような都会で地方の成功事例と同じようなことを取り組んだとしても、同じ効果を期待できるわけがない。この手の話題はほとんどまやかしだ。

例えば、2016年の合計特殊出生率のデータでは、最低が東京の1・44、最高が沖縄の1・95だった。この差を埋めるため、例えば「東京を沖縄と全く同じ出生率にする」という政策を立てたとしよう。しかし、そもそも東京と沖縄では、働く女性の割合すら違う。

また、出生率が上がれば、その分だけ子育てに割く人手が必要になるから、東京でも専業主婦になる女性がかなりの割合で増えるだろう。そうなると、せっかく政府が掲げる女性活躍社会によって、女性の働き手が増えてきたのに、政策に水を差すことにもなりかねない。

さらに言えば、政府が出生率を増やす政策を考えているといっても、所詮は掛け声だけだ。「人口増加のストーリーを地方公共団体の関係者に示しておけば、彼らはきっと満足するだろう」というのが政府の本音ではないだろうか。

だから、出生率が上がらず人口問題の政策が失敗したとしても、政権にとっては何らダメージがない。それは、政府が「人口減少は大きな問題ではない」と考えているからだ。

子どもを「コスト」と考える親はいない

金銭面だけの話をすれば、子どもを産んだ時のコストはたしかにすごく高い。

例えば、文部科学省による平成28年度の子どもの学習費調査の結果を見てみよう。

調査は、公立ならびに私立の幼稚園、小学校、中学校および全日制高等学校に通う幼児、児童、生徒。全国1140校、2万9060人を対象とした抽出調査（うち有効回答数2

子どもの学校種別の学習費（平均）

（円）

区分		学習費総額	うち学校教育費	うち学校給食費	うち学校外活動費
幼稚園	公立	233,947	120,546	20,418	92,983
	私立	482,392	318,763	29,924	133,705
小学校	公立	322,310	60,043	44,441	217,826
	私立	1,528,237	870,408	44,807	613,022
中学校	公立	478,554	133,640	43,730	301,184
	私立	1,326,933	997,435	8,566	320,932
高等学校（全日制）	公立	450,862	275,991	—	174,871
	私立	1,040,168	755,101	—	285,067

文部科学省「平成28年度子供の学習費調査の結果について」より

万３７０６人）で実施された。調査項目は、保護者が１年間で支出した子ども１人当たりの経費（学校教育費、学校給食費、学校外活動費）、世帯の年間収入だ。

それによれば、１年間の学習費総額の平均は、幼稚園なら公立は約23万４０００円、私立は約48万２０００円。小学校の公立は約32万２０００円、私立は約１５２万８０００円。中学校なら公立は約47万９０００円、私立は約１３２万７０００円。全日制高等学校なら公立は約45万１０００円、私立は約１０４万円だった。

公立幼稚園および公私立とも高校では前回の調査から増加し、私立幼稚園は減少している。その他は前回からほぼ横ばいだった。

学年別学校外活動費

（円）

区分		公立			私立		
		合計	補助学習費	その他の学校外活動費	合計	補助学習費	その他の学校外活動費
幼稚園	平均	92,983	22,777	70,206	133,705	26,097	107,608
	3歳	59,481	13,869	45,612	80,724	18,271	62,453
	4歳	76,995	18,897	58,098	133,284	23,418	109,866
	5歳	117,696	29,054	88,642	181,107	35,627	145,480
小学校	平均	217,826	83,013	134,813	613,022	304,859	308,163
	第1学年	199,532	70,321	129,211	565,742	218,111	347,631
	第2学年	190,035	44,531	145,504	493,520	155,054	338,466
	第3学年	201,446	51,201	150,245	546,158	207,990	338,168
	第4学年	219,438	83,735	135,703	621,771	308,217	313,554
	第5学年	247,086	119,279	127,807	689,117	404,312	284,805
	第6学年	249,385	129,117	120,268	764,188	539,342	224,846
中学校	平均	301,184	239,564	61,620	320,932	204,112	116,820
	第1学年	225,137	148,870	76,267	278,592	177,270	101,322
	第2学年	258,134	195,165	62,969	307,971	201,246	106,725
	第3学年	415,821	369,515	46,306	376,491	233,976	142,515
高等学校（全日制）	平均	174,871	142,702	32,169	285,067	230,103	54,964
	第1学年	143,918	109,973	33,945	236,037	169,400	66,637
	第2学年	177,481	140,040	37,441	287,637	229,970	57,667
	第3学年	203,767	178,697	25,070	333,929	293,964	39,965

文部科学省「平成28年度子供の学習費調査」より

国公立・私立別にみた入学費用

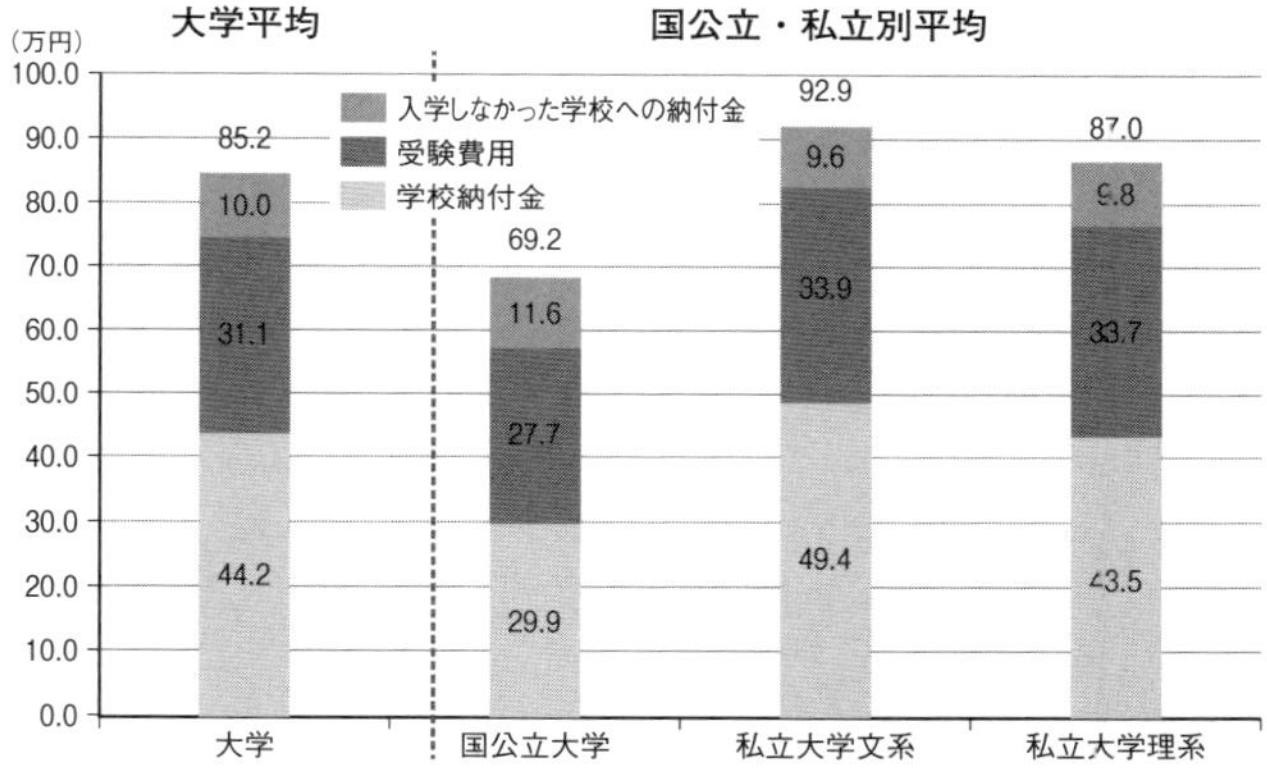

日本政策金融公庫「平成29年度『教育費負担の実態調査結果』」より

学習塾や習い事などへの支出に当たる「学校外活動費」は、公立、私立のいずれでも進学が近づくにつれて増加している。

なお、幼稚園の3歳から高校3年生までの15年間、すべて私立に通った場合の学習費総額は約1770万円に上る。すべて公立に通った場合の約540万円と比べた場合、その差は3倍以上になるのだ。

これに大学を加えたら、どうなるか。日本政策金融公庫が発表している、2017年度の教育費負担の実態調査（インターネットによるアンケート調査で、有効回答数4700人）を基に見てみよう。

入学金、寄付金、受験料および受験のための交通宿泊費、併願校への納付金などの「入

国公立・私立別にみた１年間の在学費用

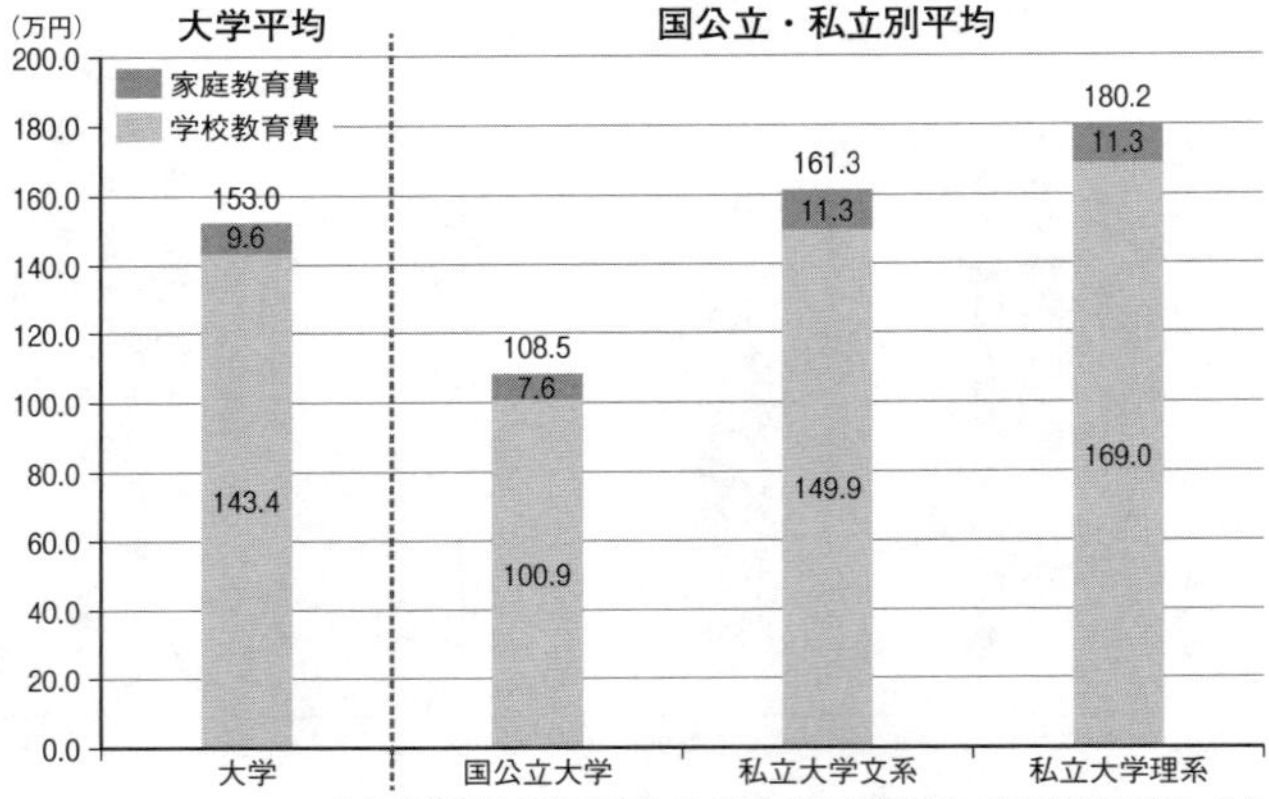

日本政策金融公庫「平成 29 年度『教育費負担の実態調査結果』」より

学費用」は平均85・２万円で、国公立私立別では国公立69・２万円、私立文系92・９万円、私立理系87万円だ。また、授業料、通学費、教材費、塾や習い事などの「在学費用」は、１年間の平均が１５３万円で、国公立私立別では国公立１０８・５万円、私立文系１６１・３万円、私立理系１８０・２万円。４年間なら、国公立４３４万円、私立文系６４５・２万円、私立理系７２０・８万円となる。

ちなみに、在学費用が世帯年収に占める割合は、２０１７年度で平均15・５％に上る。収入が上がるほど平均負担割合が低くなり、下がるほど高くなる傾向にある。例えば、世帯年収が６００万円以上８００万円未満なら17・２％だが、２００万円以上４００万円未

年収階層別にみた世帯収入に占める在学費用の割合

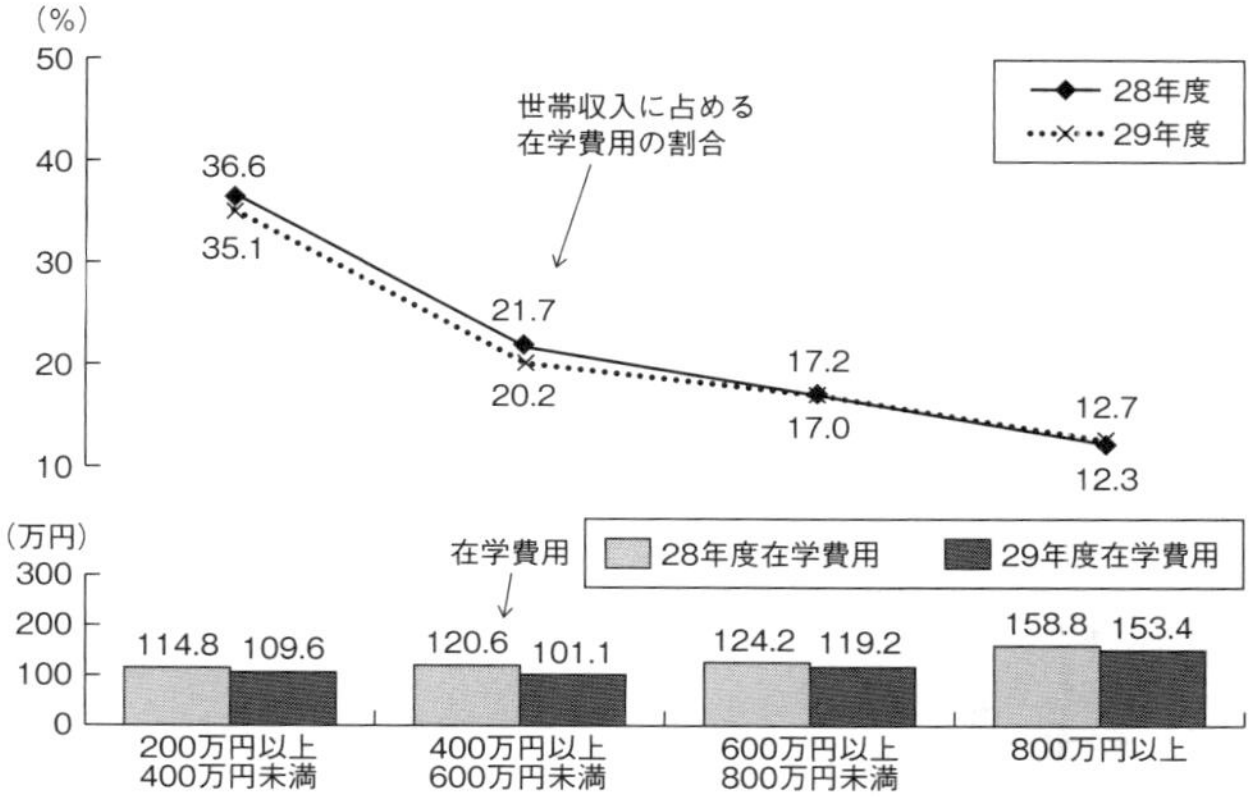

日本政策金融公庫「平成 29 年度『教育費負担の実態調査結果』」より

満になると35・１%だ。

大学進学に必要なのは、入学費用や在学費用だけではない。地元を離れて自宅外通学（下宿）を始める場合は、賃貸住宅の敷金や家財道具の費用などもかかってくる。これらの下宿開始費用が入学者１人当たり平均37・5万円だ。さらに仕送りも発生し、これが年間93万円、４年間で３７２万円かかるという。仕送りだけでは足りないのが実情だから、7割近くの世帯で、教育費以外の旅行・レジャー費や外食費を削って節約したり、預貯金や保険などを取り崩したり、学生がアルバイトをしていたりする。

そんなこんなで、自宅外生が大学４年間でかかる費用は単純計算して、国公立９１２・

大学4年間でかかる費用（平均）

（万円）

	国公立	私立文系	私立理系
合計	912.7	1147.6	1217.3
入学費用	69.2	92.9	87.0
在学費用（4年間）	434.0	645.2	720.8
下宿開始費用	37.5		
仕送り（4年間）	372.0		

日本政策金融公庫「平成29年度『教育費負担の実態調査結果』」を参照し編集部が作成

7万円、私立文系1147・6万円、私立理系1217・3万円となるのだ。教育費が最も高くなるケースを考えてみると、幼稚園から高校まですべて私立で、大学も私立理系というコースで約2987万円もかかる。最も安いケースでも、幼稚園から大学まで（国公立コースで約1452万円だ。

しかも、教育費とは別に、食費や医療費、交際費など、子どもが経済的に自立するまでの「養育費」も必要だ。これは内閣府や保険会社などの調査があり、総合すれば1年当たり80万～100万円、0歳から18歳までの19年間で必要と考えれば、1520万～1900万円ほどかかると見られている。

つまり、子どもを育てるには、最低でも2

900万円以上、場合によっては4800万円以上かかるから、経済的合理性だけで考える人は子どもを産むという選択はとらないはずだ。

だが、このぼう大にかかる教育費や養育費を念頭に、子どもをコストとみなしながら産む親はまずいないだろう。出産とは、男と女が愛し合って結ばれた結果に過ぎないからだ。体質などの特別な事情を除き、夫婦間で没交渉になれば子どもが生まれてこないのは当たり前だ。セックスレス夫婦なら、いくらお金をもらったところで、性交渉が嫌なものは嫌だとなるだろう。

だから、そもそも子育て支援やコストなどの金銭面から少子化対策を論じたところで、頓珍漢な議論にしかならないのだ。

出生率増加に効果的な人工妊娠中絶の禁止

日本でも、政府が「働き方改革」「子育て安心プラン」などの政策で、出生率低下に歯止めをかけようとしていることが報じられている。しかし、それは「（人口減少を不安視している）国民の要望に応える」という政治的な意味があって取り組んでいるに過ぎない。

人口増加が日本経済に有効だと思って、本気で政策を作っているわけではないのだ。

出生率とは、とどのつまり、男女がどれだけ性行為をし、子どもを産むかという話に尽きる。それを政府がコントロールするなど、個人のプライバシーに関わる問題だから土台無理な話なのだ。それは世界中、どの国でも同じこと。もし人口をコントロールできる方法があるとすれば、中国のように、子どもを産むのは１人だけという「一人っ子政策」のような抑止策くらいしかあるまい。

日本での人口コントロール政策といえば、第２次世界大戦中の「産めよ、殖やせよ」が思い出される。これは、１９４１年に閣議決定された人口政策確立要綱に基づくスローガンだ。昭和に入って出生率が減少傾向になり、戦争による生産人口の不足、植民地の殖産のためには人口増加が不可欠だと考えられ、上から出産を押し付けられていた。

しかし、これは戦前の軍国主義のもとだから打ち出せたのであって、民主主義の現代においてできるわけがない。そんなスローガンを安倍政権が打ち出すのは不可能だ。

もちろん、幸いにも生まれてきた子どもたちには、政府も一定の支援政策をとっている。しかし、乳幼児手当などが増えたからといって、それで性行為の回数が増えるのだろうか。先にも述べたように、その土地特有の事情がある以上、一律の効果を得ることは難しい。

人工妊娠中絶件数の推移

（件）

	平成24年度(2012)	平成25年度(2013)	平成26年度(2014)	平成27年度(2015)	平成28年度(2016)
総数	196,639	186,253	181,905	176,388	168,015
20歳未満	20,659	19,359	17,854	16,113	14,666
20〜24歳	43,269	40,268	39,851	39,430	38,561
25〜29歳	40,900	37,999	36,594	35,429	33,050
30〜34歳	38,362	36,757	36,621	35,884	34,256
35〜39歳	36,112	34,115	33,111	31,765	30,307
40〜44歳	16,133	16,477	16,558	16,368	15,782
45〜49歳	1,163	1,237	1,281	1,340	1,352
50歳以上	14	22	17	18	14
不詳	27	19	18	41	27

厚生労働省統計より

要するに、子どもを産ませる政策と、生まれた後の子育て政策は全く別物である。それでも真面目に議論してみるなら、日本で出生率を増やすのに最も効果的と考えられている政策は、人工妊娠中絶の禁止・抑制だ。

厚労省が２０１７年10月に発表した調査報告によれば、人工妊娠中絶した女性の人数は、２０１６年度で約17万人だった。２０１２年度の約20万人に比べれば減少傾向ではあるが、それでも10万人以上の新しい生命が、様々な事情で光を見ることなく失われている。

また、中絶可能時期（妊娠21週6日）が過ぎ、望まれないまま出産されることもある。何とか生まれてきたとしても、そのまま遺棄されてしまう、そんな悲しい事件が後を絶たない。

そんな不幸な運命の乳児たちを母親から無理やり取り上げて、専用施設で育てるということは可能かもしれない。そこまで強制的にすれば、多少は人口が増えるだろう。とはいえ、個人の尊厳にも関わるし、人権保護の意に反した話にもなるから、日本では決してそんな政策をとることはできない。もちろん、筆者も頭の体操として、人工妊娠中絶の禁止・抑制を取り上げただけであり、本気でそう考えているわけではない。

さらに言えば、政府も人工妊娠中絶の禁止・抑制までは今のところ踏み込んでいないから、人口問題についてはさほど力を注いでいないだろうというのが筆者の見方だ。

海外では割合が高い婚外子

人工妊娠中絶の禁止以外で、政策的に子どもを増やすには、婚姻届を出していない男女間に生まれた子どもである「婚外子」を社会的に認める制度をもっと整備する方法もあるだろう。日本では、愛人との不倫の末に生まれた子どもなどといったイメージが強いかもしれないが、そのケースは様々だ。

子どもは欲しいが結婚は嫌だというシングルマザーもいれば、日本では夫婦別姓が国際結婚以外は認められていないため、別姓を保つためにあえて婚姻届を出さず事実婚で子どもを産むケースもある。

日本は、そんな婚外子の出産数に占める割合が諸外国に比べて圧倒的に少ない。それを裏付けるのが、経済協力開発機構（ＯＥＣＤ）の「Family Database」のデータだ。

２０１４年時点で、婚外子の割合が2～３％程度と低いのは、韓国、日本、トルコだ。それとは対照的に、チリ、コスタリカ、アイスランド、メキシコ、ブルガリア、エストニア、スロベニア、フランス、ノルウェー、スウェーデンなどは、子どもの50％以上が婚外子である。特にチリやアイスランドでは、３分の2以上が婚外子と割合が高い。こうした国々の中には、スウェーデンのサムボ法、フランスの連帯市民協約（パックス）など、事実婚を保証する制度が整っているところもある。

日本では、民法で嫡出と非嫡出の間に法定相続分の規定などで差別が存在していた。最高裁判所がこの規定は違憲だと判断し、２０１３年に民法が改正され、遺産相続での差別規定は撤廃された。しかし、〝できちゃった婚〟という表現があるように、日本ではまだ婚外子に対する社会的な偏見が根底からぬぐえていない。

出生数に占める婚外子の割合（2014年）

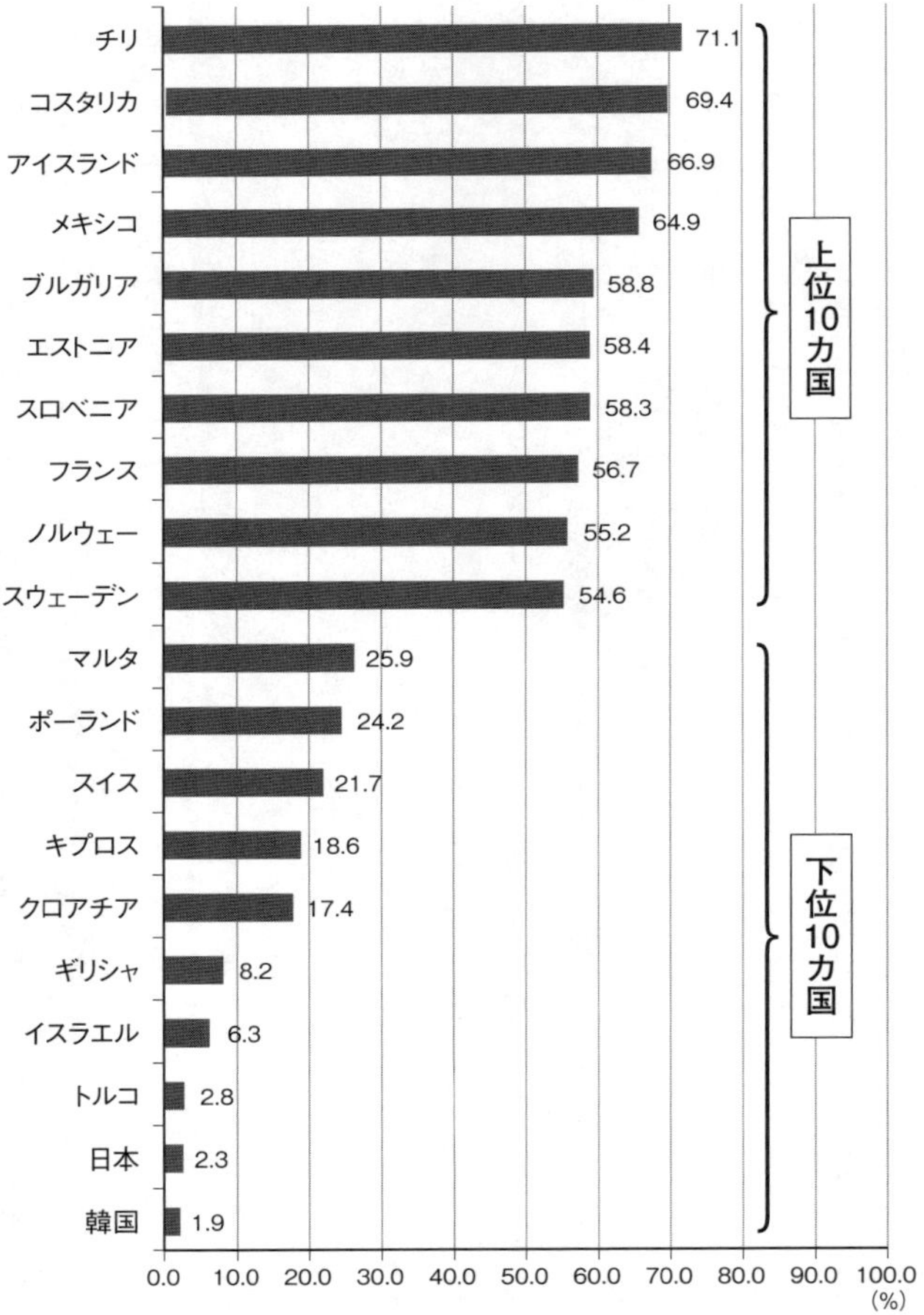

経済協力開発機構（OECD）「Family Database 2014」より

世界でも、かつては婚外子に対して〝illegitimate（異端）〟と差別していたが、最近ではそんな子どもを尊重して〝extramarital（結婚外）〟という言葉が使われている。また、イギリス、ベルギー、ドイツなど、法律上から嫡出、非嫡出という概念を廃止した国もある。

教育社会学者の舞田敏彦氏によれば、各国の婚外子の割合と出生率には相関関係が認められるという。横軸に婚外子の割合、縦軸に合計特殊出生率を取った座標上に、両方が分かる35カ国を配置すると相関係数がプラス０・５となる。そのため両者には相関関係があり、婚外子の割合が高い国ほど、出生率が高い傾向にあると言えそうだ。

こうした婚外子の制度ならすぐにでもできるかもしれないが、政府内ではそこまで議論されていない。

ちなみに、基本的に不倫は無駄打ちだから、人口増加という観点では意味がない。むしろ無駄打ちをなくした方が出生率は上がるから、できれば不倫はしない方がいい。

婚外子の割合と合計特殊出生率の相関（2014年）

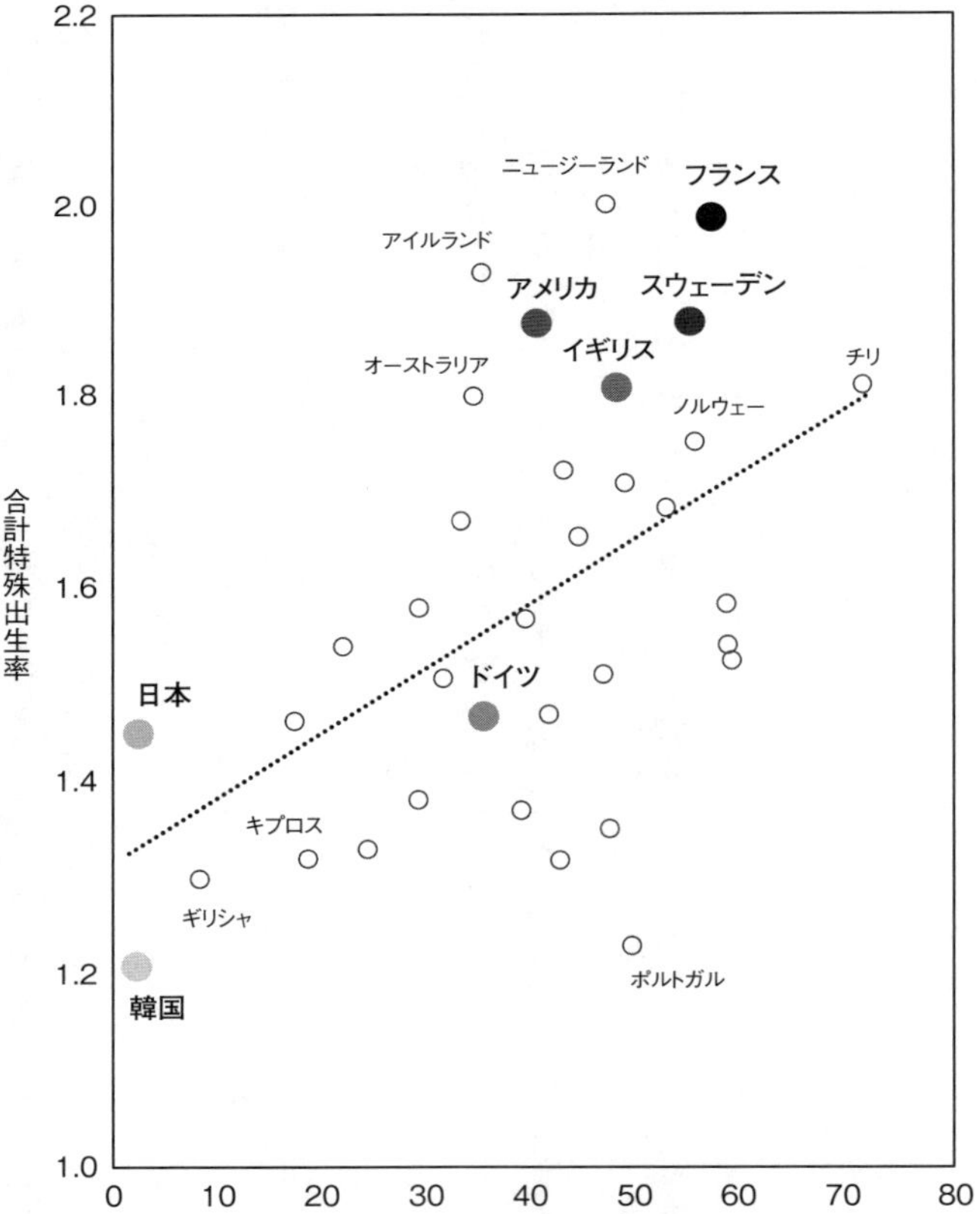

出生数に占める婚外子の割合（%）

OECD「Family Database」、厚生労働省「人口統計資料 2017」をもとに舞田敏彦氏が作成

世間のムードで変わる出生数

だいたいにして、こういった人の行動に左右される事象はムードで動くものだ。例えば、かつて丙午《ひのえうま》の年に、出生数がガクっと下がる現象が起こったことがある。

丙午とは、古い暦の十干と十二支を組み合わせた干支の1つで、60年ごとに1回訪れる。古来、中国には、自然界のあらゆるものは陰（月、偶数）と陽（太陽、奇数）で構成されているという陰陽思想があった。これに木、火、土、金、水の5つの要素（五行）も加わって陰陽五行思想となり、それが古代日本に伝わったのだ。

丙も午も両方とも、陰陽思想で言えば〝陽〟に当たる。丙午の年は陽の火が重なるため、この年に生まれた女性は気性が激し過ぎて夫を不幸にするという、よく分からない迷信が昔は存在した。

そのため、1965年の出生数は約182万人だったが、翌年の丙午だった1966年は約136万人と大幅に減った。そして、その翌年には、また約194万人まで増えている。

こういうムードで動く出生数は、暦の吉凶日を先勝・友引・先負・仏滅・大安・赤口に分けられた「六曜」において、仏滅だから結婚式を挙げたくないといったレベルの話。政策うんぬんではなく、社会慣習の問題だ。

もし何かの拍子に出生率がちょっと上がったら、後から自分の手柄として謳う連中が出てくるくらいで、その連中が「これで日本の国力が上がる」などとうそぶくだけだろう。

政府は人が減ることに危機感を抱いてはいない

ここまでの結論を言えば、出生率が低くなっても、政府が本腰を入れることはない。こんなのは自然の摂理なので、出生率が1を割ることはないが、1・5くらいでも問題はない。政府は「出生率1・8」を掲げてはいるものの、かけ声はかけるだろうが、本気でそこまで注力することはないだろうし、その必要もないのだ。なぜなら、国民の幸せ＝人口の増加ではないからだ。

世の中には、人口減少という亡霊が、今を生きる人間に恐怖を与えるかのような議論が多過ぎる。その実態に迫ってみると、実は人口減少危機論は大した話ではないし、それ自体が何となく雰囲気で書かれているから全く面白くもない。

世界(208カ国)の人口増減率と1人当たりGDP成長率(2000-2017年)

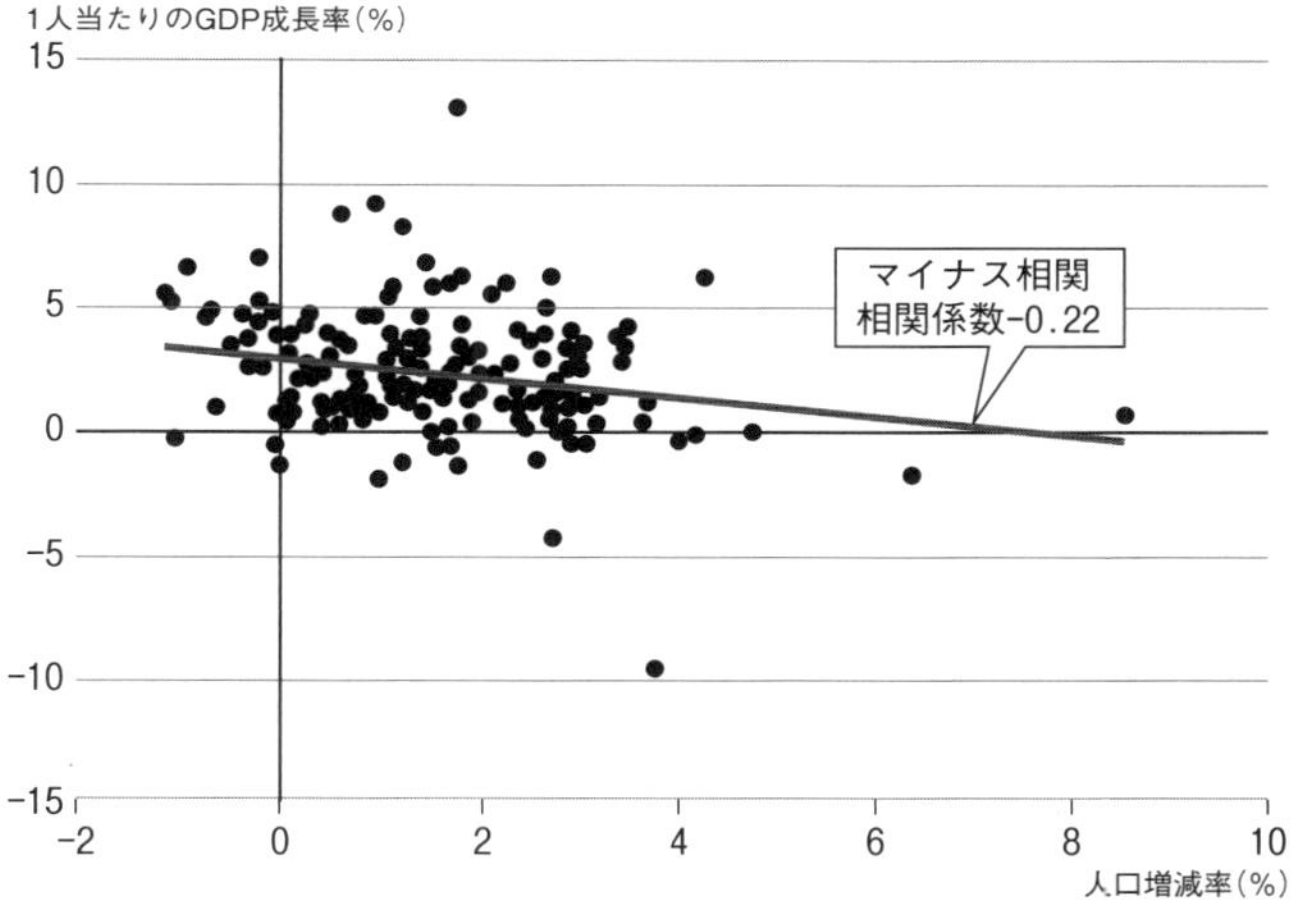

筆者が作成

ちなみに、これまでの人類の歴史では、人口減少より人口増加の方が大問題だった。有名なものは、マルサスの人口論である。これは１９７２年のローマクラブの「成長の限界」のベースにもなっている。その内容は、人口は幾何級数的に増加するが生活資源は算術級数的にしか増加しないので、人口増加は貧困をもたらす、というものだ。

最近の経済成長理論でも、人口増加は１人当たりの資本を減少させるので、貧困の原因とされている。

上の図のように、実際、世界２０８カ国において、各国の２０００～17年の平均人口増減率を横軸、平均１人当たりの実質GDP成長率を縦軸にプロットすると、右下がりになる。

これは、人口増減率が高いほど、貧しくなる傾向があることを示している。一方、先進国では、人口増減は1人当たりの実質GDP成長率と無関係であるというデータものちほど示すが、世界全体でいえば、人口増加は不味いが、人口減少は不味くないことを知っておいた方がいいだろう。

しかし、本当に筆者の意見が正しいのか疑う人もいるだろう。そこでこの本では、人口減少は大した問題ではないという見方が正しいことを逆説的に検証していきたいと思う。

第1章 人口問題の本質

「価格」と「物価」を混同する自称・経済評論家たち

人口減少危機論を支えているのは、地方自治体の人たちや経済的事象の理由を人口減少のためと言った方が気楽な人々だと述べてきたが、では世間一般の人は人口減少によってどんな問題が起こると考えているのか。逆に筆者から皆さんに聞いてみたい。

仮に「国力が低下する」という回答が返ってきたとしてみよう。では、その「国力」とはいったい何を指すのか。皆さんは、きちんと定義できるだろうか。

この国力を国防や治安、防災機能などの「国防力」のことだと考えれば、たしかに人口減少で若い人が減れば何かしら影響はあるかもしれない。実際、生産年齢人口が減れば生産力が落ち、国防力も落ちることになる、とも言える。

そこで、ここでは国力を「国内総生産」（ＧＤＰ）のことだとしてみよう。言わずもがなだが、ＧＤＰとは、国内の生産活動による商品・サービスの産出額から、原材料などの中間投入額を控除した付加価値の総額である。なお、世界全体で見ると、人口減少は、１人当たりの実質ＧＤＰを増加させる傾向があるという前章のデータを思い出しながら、この章を読んでほしい。

このGDPには、名目値と実質値の2種類があるのはご存じだろうか。名目値とは、実際に市場で取り引きされている価格に基づき推計された値のこと。また実質値とは、ある年からの物価の上昇・下落分を取り除いた値のことだ。

実質GDPに焦点を当てると、日本ではリーマン・ショック直後の2009年度には約470兆円まで落ち込んだ。

しかしその後、第2次安倍晋三政権が2012年末に誕生してからは、アベノミクス効果でGDPが伸び続け、2017年度には約537兆円と過去最高の水準を叩き出している。もちろん2016年12月に、政府はGDPの算出方法を「国際基準に合わせる」との理由で一部変更したことも、数字上でのGDP急増の背景にはある。しかし、第4章でも触れるが、最低賃金や1人当たりの平均給与、就業者数などが上がっていることも確かなのだ。

ちなみに「価格」と「物価」は、言葉の定義が明確に違う。それも分からない人には、そもそも日本経済について論じる資格はないが、自称・経済評論家の中には価格と物価をごちゃ混ぜにしている人もいるので分かりやすく整理しておこう。

「ペットボトルのお茶が1本130円」という個別商品の値段が、いわゆる価格のこと。

価格、物価、物価指数、消費者物価指数の違い

価格	1本130円のペットボトルのお茶など個別商品の値段。財貨やサービスなどを購入した際、1単位ごとに支払われる貨幣の量のことを指す
物価	経済学では、一般に「物価水準」の同義。種々の商品やサービスの価格をある一定の方法で総合した平均値
物価指数	代表的な商品をおよそ1万5000品目だけ選別して算出した一般的な物価水準。物価の変動を捉えるために作成される指数
消費者物価指数	消費者が実際に購入する段階での、商品の物価の変動を示す指数。総合の値を1万としてウェイトを配分し、算出する

一方で、物価というのは、「経済全体での一般的な物価水準」のことだ。さらに、市場で取り引きされる商品やサービスの価格変動の測定を目的とした、統計の総称を「物価統計」と呼ぶ。

物価統計を出す場合、全品目を調査するのは物理的に不可能だから、代表的なものをおよそ1万5000品目だけ選別して算出している。こうした統計調査に基づき、収集した価格について、その変動を総合的に捉えるために基準値を特定し、一定の算式を用いて指数化したのが「物価指数」だ。

筆者の本の読者なら、「消費者物価指数」という言葉くらいは見聞きしたことがあるだろう。これは、消費者段階における物価の変

各商品・サービスのウェイトと割合

食料		
商品名	ウェイト	割合(%)
酒類	119	0.01
飲料	147	0.01
調理食品	313	0.03
菓子類	233	0.02
油脂・調味料	114	0.01
果物	104	0.01
野菜・海藻	289	0.03
乳卵類	118	0.01
肉類	240	0.02
魚介類	218	0.02
穀類	208	0.02

住居		
商品名	ウェイト	割合(%)
家賃	1782	0.18
設備修繕・維持	305	0.03

光熱・水道		
商品名	ウェイト	割合(%)
電気代	356	0.04
ガス代	181	0.02
他の光熱	41	0.00
上下水道料	167	0.02

教育		
商品名	ウェイト	割合(%)
授業料等	216	0.02
教科書・学習参考教材	8	0.00
補習教育	93	0.01

保健医療		
商品名	ウェイト	割合(%)
医薬品・健康保持用摂取品	121	0.01
保健医療用品・器具	72	0.01
保健医療サービス	237	0.02

総務省「2015年基準 消費者物価指数 全国 平成30年(2018年)7月分」より抜粋

動を示す最も代表的な物価指数だ。もう一つ、企業間で取り引きされる商品の価格変動を卸売り段階で測定する「卸売物価指数」というものもある。

物価指数を出すために、各品目について先月と今月の価格がいくら違うのか、個別商品を調べて毎月の変化度を見ていく。どんな品目でも、価格は毎月上がったり下がったりしているから、その1万5000品目を加重平均する。この加重平均とは、取引量によってウェイトを変え、それらの割合で平均したものだ。

消費者物価指数の場合、総合の値を1万としてウェイトを配分する。仮にペットボトルのお茶なら、おそらく「飲料」という品目に分類されるだろう。「2015年基準　消費者物価指数」の2018年7月分を見てみると、飲料のウェイトは1万分の147で、割合でいえばわずか約0・01だ。高いものでいえば、住居の家賃があるが、それでもウェイトは1万分の1782で割合は約0・18しかない。

物価指数は、それ自体はすごく抽象的なものに見える。そのため、自称・経済評論家が、例えば物価が上がった、下がったと言っても、特定の個別商品の価格だけを見て正確に論じていないケースが大半だ。

これは一度、物価指数表の実物を見てみると理解しやすい。総務省統計局のホームページを見れば、すべて公開されている。

何となくの雰囲気で経済政策批判をしているような人たちは、こうしたマクロ経済指標の基礎になる表を一度も見たことがないという人がほとんどではないだろうか。そんな人には、価格と物価の違いすら全く理解できないだろう。

日本経済について何かしら論評するなら、せめて一度は公開された資料の原典に当たった方がいい。そうしないと、数字のイメージが全く湧かないだろう。物価指数だけでもたくさんの品目が並んでいるから、初めて見ると気圧されてしまうかもしれない。一般的にはマニアックな世界かもしれないが、たくさんの数字に慣れてくれば面白いし、新しい世

POSデータのサンプル

	順位	金額（円）	金額構成比（%）	平均価格（円）	販売店率（%）	販売数（個）
商品A	1	1,500,000	8.4	300	100.00	5,000
商品B	2	1,200,000	4.5	150	82.68	8,000
商品C	3	1,200,000	4.2	200	72.45	6,000
商品D	4	800,000	3.8	100	67.13	8,000
商品E	5	750,000	2.9	150	78.35	5,000
商品F	6	625,000	2.1	250	45.88	2,500
商品G	7	400,000	1.8	200	62.45	2,000
商品H	8	300,000	1.5	100	60.73	3,000
商品I	9	150,000	1.2	150	79.92	1,000
商品J	10	110,000	0.9	200	55.58	550
商品K	11	105,000	0.9	150	61.43	700

界が拓けてくると思う。

そういえばマスコミにも、ミクロ経済とマクロ経済の違いすら分かっていない人が多い。識者、関係者への取材や、官僚が上手にまとめた資料で得た情報をそのまま書くだけで、おおもとの統計データなんてろくすっぽ見ないからだ。

物価はマクロで、価格はミクロの話だから、物価を個人で調査するのは無理だ。だから国が金と人をかけてやるしかないし、政府しか物価は把握できない。これはどの国でも同じことだ。

最近では手間を省くため、総務省はコンビニエンスストアやドラッグストア、スーパー、家電量販店などのＰＯＳデータというものを使っている。これは「Point of Sales」（ポイント・オブ・セールス）の略で、要するに販売時点のデータだ。

店のレジで販売された時点で、いつ、どの店で、どんな商品が、どんな価格で、いくつ売れたのかなど、毎月のＰＯＳデータを調べれば、価格の詳細がかなり分かる。コンビニには数百品目あって、物価統計の対象の１００分の１くらいとなる。この方が簡単で安上がりだから、ＰＯＳデータを活用していく一方で、調査員を減らしているようだ。

また総務省は、インターネットショッピングサイトの他、クレジットカード、ポイントカード、電子マネーなどにおける消費活動のトラッキング情報など、いわゆる「ビッグデータ」の活用の可能性も模索している。

マクロの物価とミクロの価格では、全く動きが違う。月によっては、特定の品目の価格がぽんと上がることはある。しかし、先ほど見たように、例えば飲料が１３０円から２３０円に値上がりしたとしても物価にはほとんど影響しない。なぜなら、飲料のウェイトは０・01しかないからだ。仮に、価格が3倍に跳ね上がっても影響しない。だから、全体の物価は個々の価格とは関係なく動いていく。それが経済学というものだ。

例えば、「牛丼価格が上がっているから物価も上がっている」などと声高に主張する人がいるが、全く根拠がないし訳が分からない。牛丼価格だけでは物価に影響しない。１万５０００品目もあるのだから、１品目だけで物価のすべてが分かりはしないのだ。

ＧＤＰが減っても生活には関係ない

価格と物価の違いが分かれば、ＧＤＰについても理解が深められる。

ＧＤＰの計算式は、あえて難しく言えば、名目ＧＤＰなら個人消費に総輸出、民間投資、政府の支出を足した合計額で算出され、実質ＧＤＰなら名目ＧＤＰに加わる物価の上昇や下降を差し引いて計算する。

ここでは分かりやすく「ＧＤＰ＝みんなの平均給与×総人口」と覚えておけばいい。だから、人口が減少すれば、ＧＤＰ値も減るのは当たり前だ。しかし、実生活の面では「だからそれがどうなの？」という話に過ぎない。

予測通りに人口が減るとすれば、ＧＤＰは実際にどれくらい減るのかだが、この問いは、物事を数量的に理解できなければ絶対に分からないし、世の中の人口減少危機論者でも理解していないケースが多いから困る。先に答えを言ってしまうと、ＧＤＰ成長率に対し最

名目GDPと実質GDPの違い

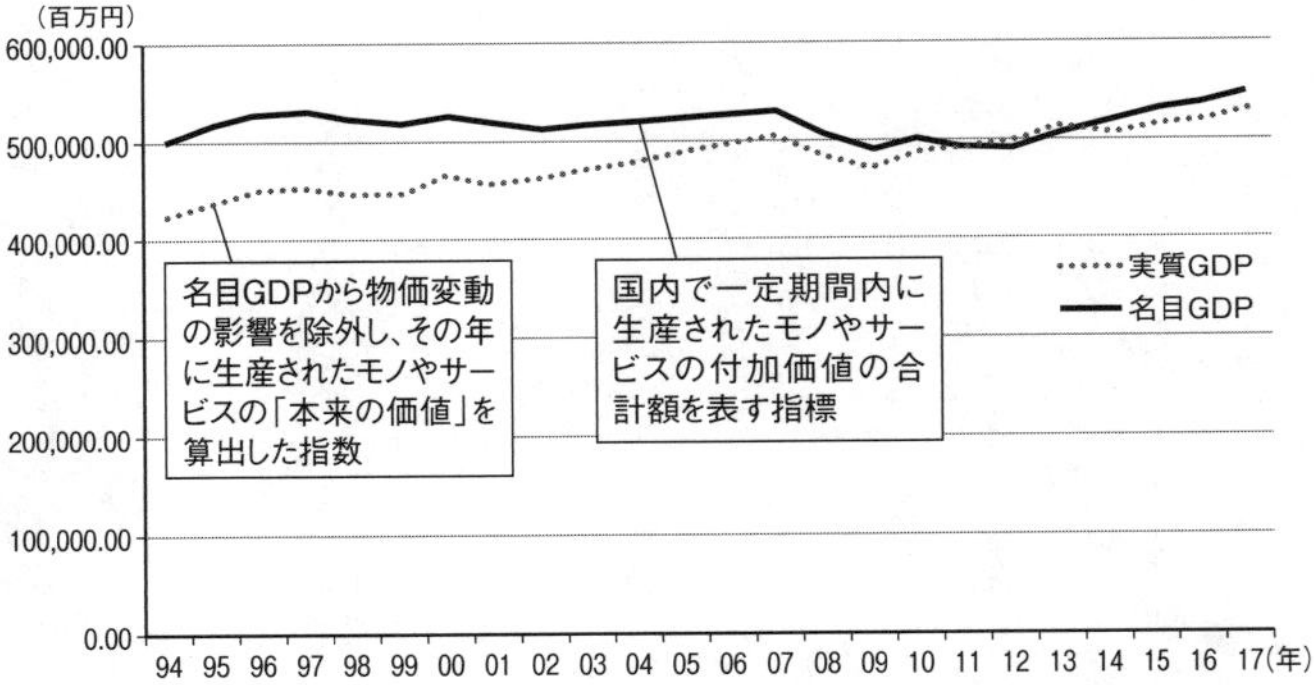

内閣府統計を参照して編集部が作成

大0・7％の影響が出るかどうかといった程度。つまり、影響はほとんどないのだ。人口の増減はマクロ経済指標にはほとんど影響がない——筆者は色々なところで、このことを飽きるほど言い続けてきた。

では、普通の民間企業の経済活動にはどれほど関係があるのだろうか。例えば、筆者の本を世に出してくれる出版業で考えてみると、人口が増えたからといって単純に読者（売り上げ）も増えるのだろうか。逆に、読者が減っていくのは、人口減少がすべての理由になるのだろうか。

理屈は何とでもつけられるが、人口増加時代にあっても、読者の興味を引くコンテンツを出せず倒産した出版社だってあっただろう。

人口がGDP成長率を左右する割合

人口が8800万人に減少した場合、GDPにもたらす影響は、わずか0.7％程度だ。その計算式は、次の通りである。

$z=xy$の場合、zの変化率$\left(\frac{\Delta z}{z}\right)$は、$x$の変化率と$y$の変化率を足したものにほぼ等しい。これをGDPと人口比に当てはめると、

$\mathrm{GDP}=人口\times\frac{\mathrm{GDP}}{人口}$だから、$\frac{\Delta \mathrm{GDP}}{\mathrm{GDP}}=\frac{\Delta 人口}{人口}+\frac{\Delta\left(\frac{\mathrm{GDP}}{人口}\right)}{\left(\frac{\mathrm{GDP}}{人口}\right)}$となる。

※注　$\frac{\Delta z}{z}=\frac{(\Delta x+x)(\Delta y+y)-xy}{xy}$で、

$=\frac{\Delta x\Delta y+\Delta xy+x\Delta y+xy-xy}{xy}$

$=\frac{\Delta x\Delta y+\Delta xy+\Delta y}{xy}$

ここで、$\Delta x\Delta y$は変化分の小さい数字同士の積なため、ほぼ０として無視する。すると、

$\frac{\Delta z}{z}=\frac{\Delta xy+x\Delta y}{xy}$

$=\frac{\Delta x}{x}+\frac{\Delta y}{y}$となる。

筆者が作成

人口減少時代でも世界の人口がゼロにならない限り、面白い本を出し続ければ、たとえ事業規模が縮小したとしても売り上げは伸ばせるだろう。これは飲食業であれ、製造業であれ、どんな業種にも共通して言えることではないだろうか。

所詮、人口の増減は民間企業の経済活動にもほとんど関係ないのだ。

例えば、日本国内でシェア率が１００％という独占企業に勤めている人には、多少の影響はあるかもしれない。しかし、大半の企業がシェア率数％という誤差の範囲内だろう。全企業の99％が中小零細企業の日本ならば、なおさらだ。

世界市場で、フォルクスワーゲン、トヨタ、

ルノー・日産自動車・三菱自動車連合の大手3社による寡占化が進んでいるとされる自動車業界でも、どこか1社が市場を独占するという状況はこれから先も考えにくい。

つまり、人口の増減が経済活動に影響があるというのは、単なる思い込みに過ぎないのだ。身の回りの生活にも全く影響はない。だから、人口をわざわざ増やす理由が全く思い当たらないのだ。これは別に、人口減少の捉え方が〝髙橋洋一節〟だとかいう問題ではなく、経済学の基本なのだ。

それでも、どうしても人口減少で売り上げが落ちてしまうと心配するような企業人は、人口が増え続ける海外市場でひと勝負してみればいい。

２０１７年6月に国際連合が発表した『世界人口予測２０１７年改訂版』によれば、現在およそ76億人の世界人口が、毎年約８３００万人増えて、２０３０年までに86億人、２０５０年に98億人、そして２１００年には１１２億人になるという。そのうち、中国（14億人、世界人口の18％）とインド（13億人、同17％）の現在の順位が２０２４年までに逆転し、インドの人口が中国を上回るようになるとも言われている。

また、２０１７年時点で10億人の人口を抱えている後発開発途上国群では、２０５０年までに33％増加して19億人に達する見込みだ。

２０１７年から２０５０年までの世界人口増の要因の半分は、インド、ナイジェリア、コンゴ民主共和国、パキスタン、エチオピア、タンザニア、アメリカ、ウガンダ、インドネシアの９カ国に起因するといわれている。

こんな具合に、世界的には人口増加傾向にあるのだ。国内の需要に頼れないのなら、国外に目を向ければいい。単純な話なのだ。

人口増減率と経済成長率は無相関

ＧＤＰなどで測った一国の経済規模が一定期間に変化した率を「経済成長率」というが、先ほど、人口の増減と１人当たりＧＤＰの増減はほとんど関係ないという話をした。この件についてもう少し深く見てみよう。

人口減少の局面では、人口構成の変化（ここでは人口減少）が経済にとってマイナスに作用する「人口オーナス」というものが要因で、１人当たりＧＤＰを押し下げる可能性のある効果が出てくることも指摘されているが、これらは回避できる問題だ。その方法としては、例えば女性や高齢者の積極的な登用や、人工知能（ＡＩ）による生産性向上などが

先進国の人口増減率と1人当たりのGDP成長率は無相関

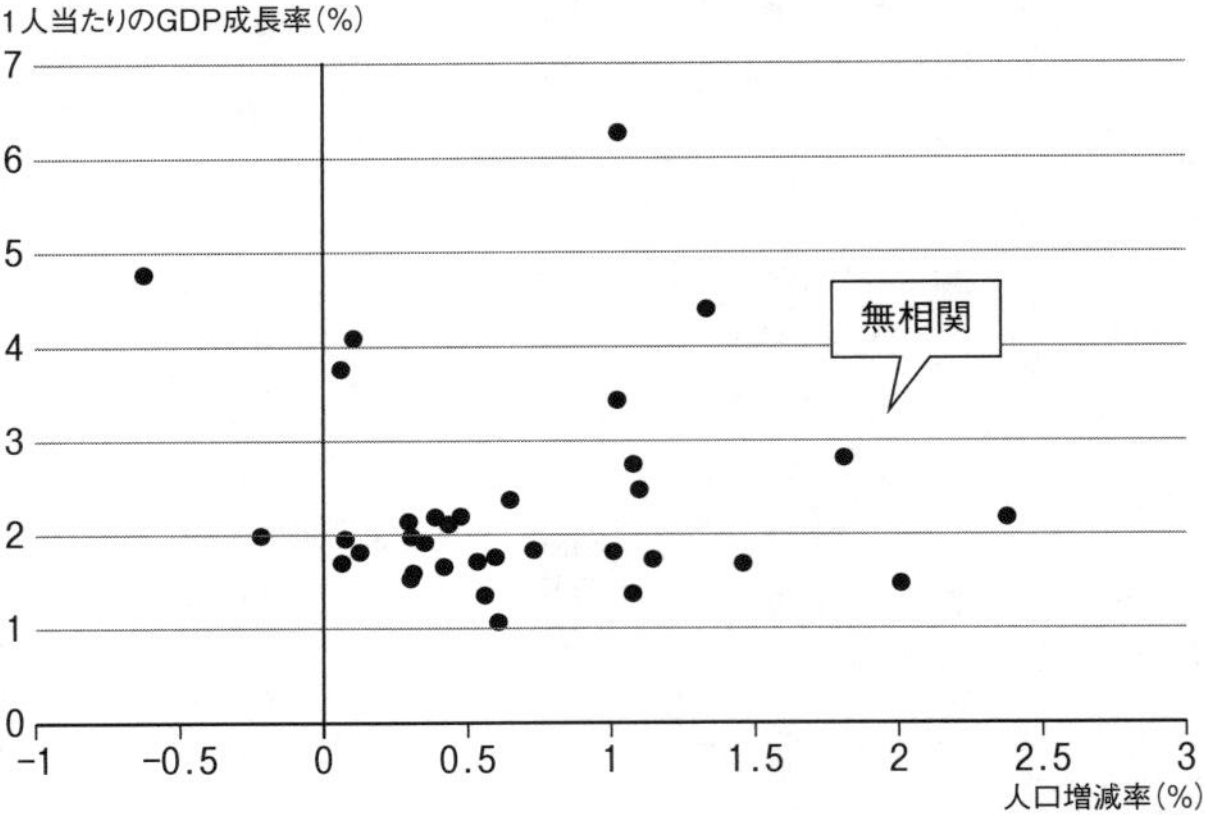

筆者が作成

考えられる。

逆に人口構成の変化がプラス効果になる「人口ボーナス」としては、同一の生産水準を達成するのに、従来よりも少ない労働投入量で実現される「労働節約的な技術進歩」や、知的生産による業務の割合が大きい「知識・技術集約的産業分野への移行」などがある。いずれにせよ、発想を1つ変えれば、経済成長への影響は克服できるはずだ。

前の章で、世界全体で見ると、人口増加は1人当たりGDP成長率を減少させる傾向があることを示した。先進国について見ると、内閣府など公式のデータをいくら拾って分析したところで、人口増減率と1人当たり経済成長率は無相関という結果にしかならない。そこで、他のデータを示しておこう。

序章でも最後に少し紹介したが、統計分析の手法の1つに「クロスセクション分析」というものがある。その時点の数十カ国（ここでは先進国だけ）の人口増減率と1人当たりのGDP成長率が交わる点（クロスポイント）をすべて観測し、お互いに相関関係があれば、おおむね右上がりの線の近くにその点が集まる。

実際にこれを試してみると、どんな年代でプロットしても点の分布はバラバラだ。だから、この2つは無相関だという結論にしかならない。

文系にはこの手の論法が苦手で、全く理解できない人も多い。だからロジカルに物を考えられない。筆者なら一言で終わってしまう結論なのだが、分からない人のためにあえて細かく説明していることをお許しいただきたい。

要するに、これは背理法で解けるのだ。背理法を人口問題に例えて説明すると、「人口増減率と経済成長率は関係ある」という命題に対して、「関係ない」（命題は偽）と仮定して矛盾を導く。その結果「無相関だから因果関係がない」となれば「命題が偽」と証明できることになる。

こうした論法が組み立てられない人の文章は、読んでみてもロジカルになっていないかもすぐに見抜ける。

「デフレ人口原因論」と「デフレ金融政策原因論」の大きな違い

ひと昔前、「日本のデフレは金融緩和が効かない、その原因は人口減少による供給過剰だ」という「デフレ人口原因論」が流行った。ベストセラーとなった藻谷浩介氏の著書『デフレの正体』（角川書店）が、その火付け役だ。

今でも、この訳の分からない俗論に共感し、支持している人は多いのかもしれない。だが筆者は、デフレは金融政策で解決できると一貫して主張してきた。だから、この「デフレ人口原因論」には反対だ。

実際にデータを見ても、人口減少は継続中であるが、アベノミクスの異次元金融緩和によって、デフレは脱却しつつある。論より証拠とはこのことだ。

そもそも肝心な「デフレ」の意味について、筆者の主張と読み比べると、異なった「デフレ」を分析対象にしている。そのため、必然的に異なった政策的な含意が出てくる。

端的に言えば、デフレとは、一般的な物価水準が持続的に下落している状態を指す。もっと厳密に言えば、実質ＧＤＰ算出時の物価指数である「ＧＤＰデフレータ」（輸入原材料の価格を除く、国内で生産されたすべてのモノやサービスの付加価値の価格水準を示す指数）が2年連続マイナスならデフレだと、国際機関などでは定義されている。筆者は一貫して、この国際標準の「デフレ」を用いており、「デフレ金融政策原因論」の立場をとっている。

デフレ金融政策原因論の立場では、デフレの問題は、雇用喪失や設備投資減少を引き起こす点にある。そのロジックはこうだ。

マクロ経済的に見れば、筆者たちが手にする実際の賃金（名目賃金）や銀行などが支払う金利（名目利子率）には下方硬直性がある。例えば、名目賃金について言えば、労働者は生活がかかっているから賃金を引き下げる時には激しく抵抗する。そのため、一度上げた賃金はなかなか下げられない。このことを下方硬直性という。

銀行の金利も同様だ。国民が銀行にお金を預ければ、プラス金利なら利息がもらえる。銀行は預金者を減らしたくないから、預金者が金融機関に利息を払う状態になるマイナス金利にはならない。これも下方硬直性だ。

ちなみに、２０１６年に日本銀行（日銀）がとったマイナス金利政策は、日銀と銀行の間の話だからできただけだ。銀行が日銀に預金すれば利息を取られるから、本業である貸し出し、他にも株式投資や海外投資などにお金を回せという日銀の意図があった。だが、銀行と国民の間では絶対にマイナス金利にできない。つまり、損をするのが銀行だけだったから、彼らが怒っていたというわけだ。

こうした下方硬直性のため、一般物価の下落に対し、名目賃金や名目利子率はうまく対応できない。結果として、それぞれの名目値から物価上昇の影響を差し引いた実質値で見ると、自然と賃金や利子率が高くなるのだ。こんなのは、ケインズの著書『一般理論』の中でも基本的な内容として紹介されている。

ところが、デフレ人口原因論になると、そもそもデフレの意味がはっきりしていない。察するに、どうやらデフレとは、耐久消費財などの個別品目の価格の下落を意味しており、それは人口減少が要因だから、個々の企業はよほど創意工夫しなければいけないという主張のようだ。

デフレ人口原因論は、しばしばミクロ経済現象とおぼしき事例が混じっている。一方で、国際標準であるデフレ金融政策原因論では、マクロとミクロはしっかり区別されている。

物価上昇率は通貨量と相関関係にある

ミクロの価格とマクロの物価、この両者の概念をあえて区別するのは、財・サービスの物価の決まり方に特徴があるからだ。

このうち、財には耐久財（何度でも使用できて使用期間も長い有形の製品。例えば自動車や家電製品など）と非耐久財（耐用が比較的短期の食料など）、その中間に半耐久財（衣料、ゲーム機器など）がある。

価格と物価の違いをより理解するために、耐久財の個別価格が下がる時、非耐久財の価格がどうなるかをイメージしてみよう。

仮に日本銀行が発行する貨幣の量が一定して変わらないという前提ならば、非耐久財の個別価格は上がる。その理由は、耐久財が安くなる分、金銭的に余裕ができて非耐久財を買うようになるからだ。

ミクロの個別価格の平均としてマクロの物価があると思い込んでいると、個別価格が上がればその平均も上がると考えがちだが、それは少し短絡的だ。マクロの物価はベースマネー（日本銀行が世の中に直接的に供給する貨幣量）から決まってくる。この点において、

人口増減率と物価上昇率の推移

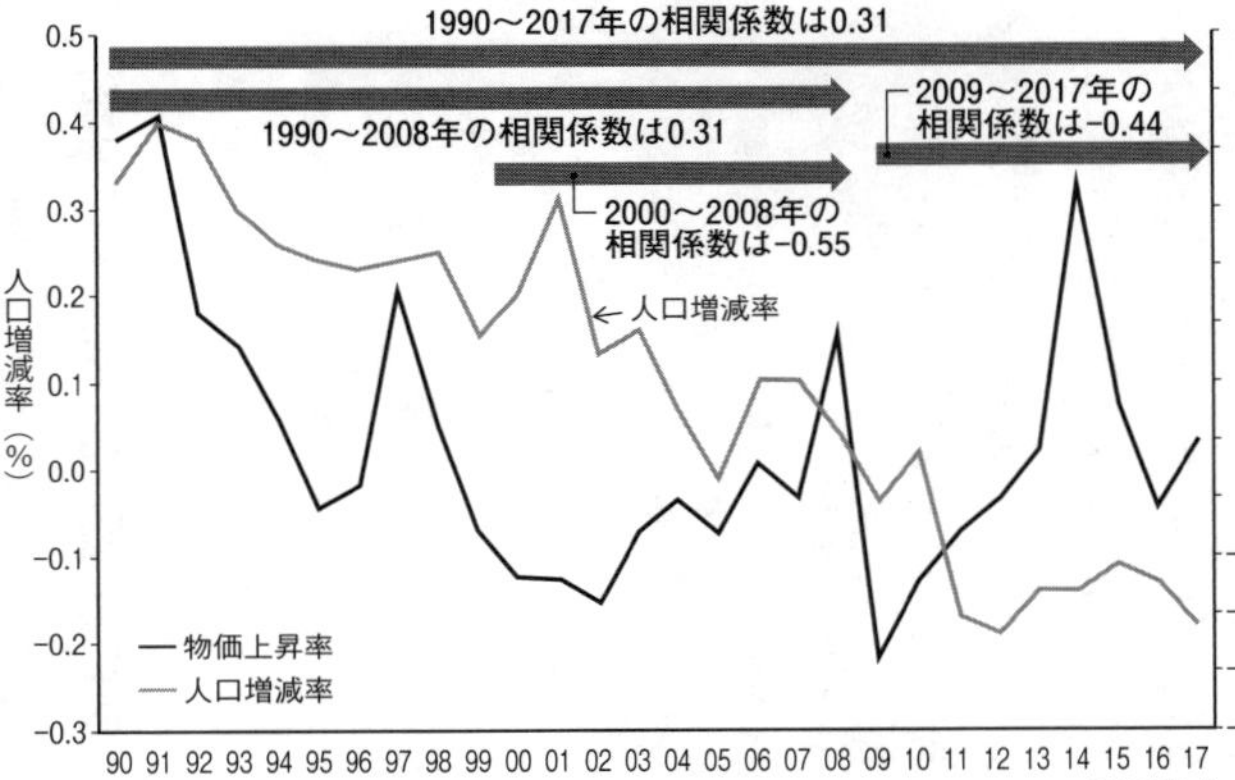

筆者が作成

ミクロの価格とマクロの物価を区別する意味が出てくるし、ミクロの個別価格の変動がマクロの物価に大きな影響を与えないことも分かる。

とはいえこれらのことは、どうしても抽象的な思考になりがちなので、具体的なデータで確認してみることにする。

日本の物価上昇率と人口増減率について、例えば１９９０年から２０１７年までの時系列で見てみよう。

両者の関係性の強さを示す指標である「相関係数」では、もし相関関係があれば、数字は１に近くなり、グラフが２本とも同じような動きになる。

平均すると、相関係数は０・３程度で、

各都道府県における人口増減率とインフレ率の関係（2000～2008年）

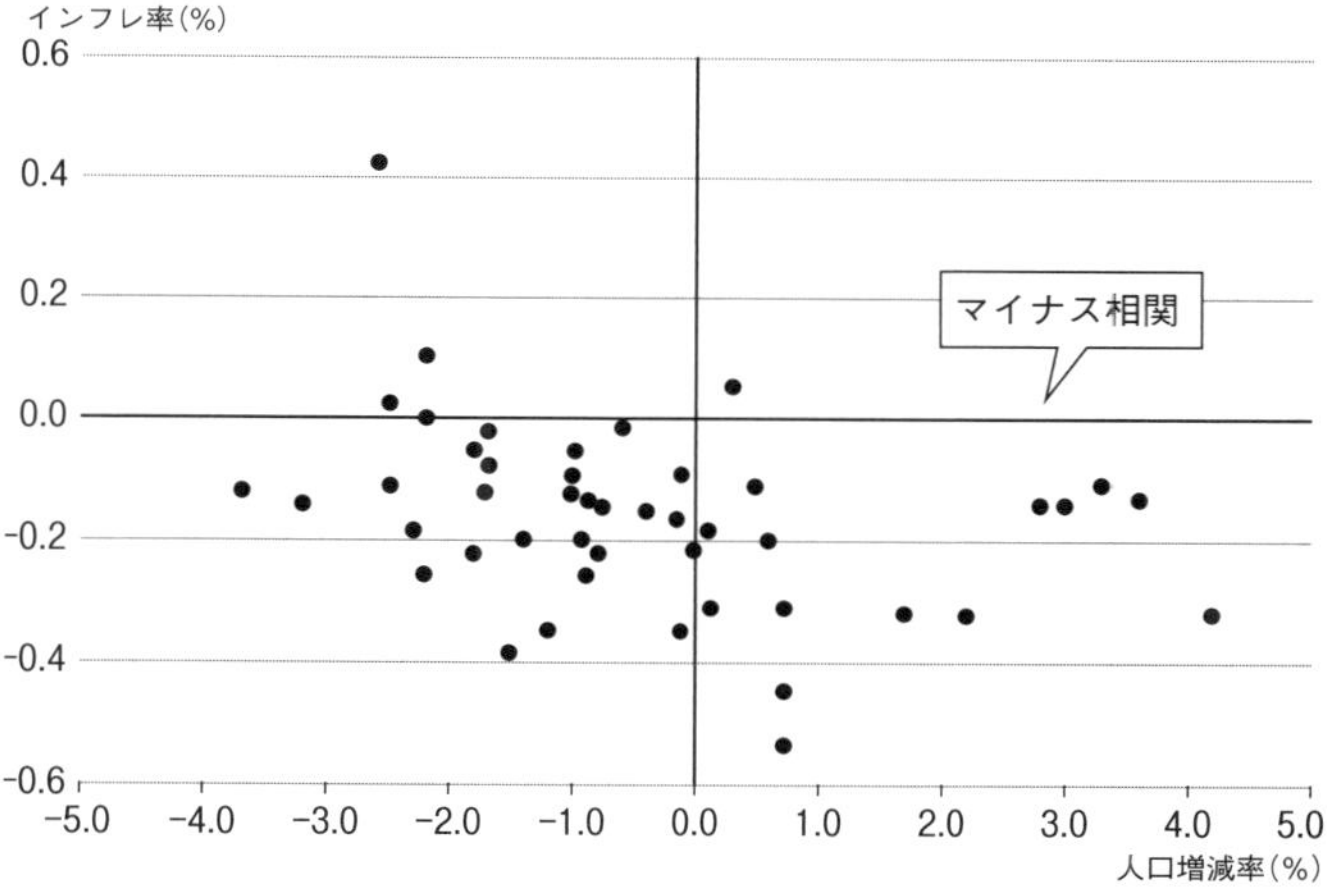

筆者が作成

物価上昇率と人口増減率にはやや相関関係があるように見える。しかし、データを２０００～08年に絞ってみると、相関係数はマイナス０・55程度となる。また、２００９～17年でもマイナス０・44程度となり、むしろ「人口が減少しているのに物価が上昇する」という現象が起きた。つまり、人口の減少とデフレは関係がないといえる。

２０００～08年の各都道府県の人口増減率と組み合わせて、横断的に見ても、相関係数はマイナスとなる。

では、世界ではどうだろうか。世界銀行のデータベースで、１７３カ国の人口増減率と物価上昇率を算出し、２０００

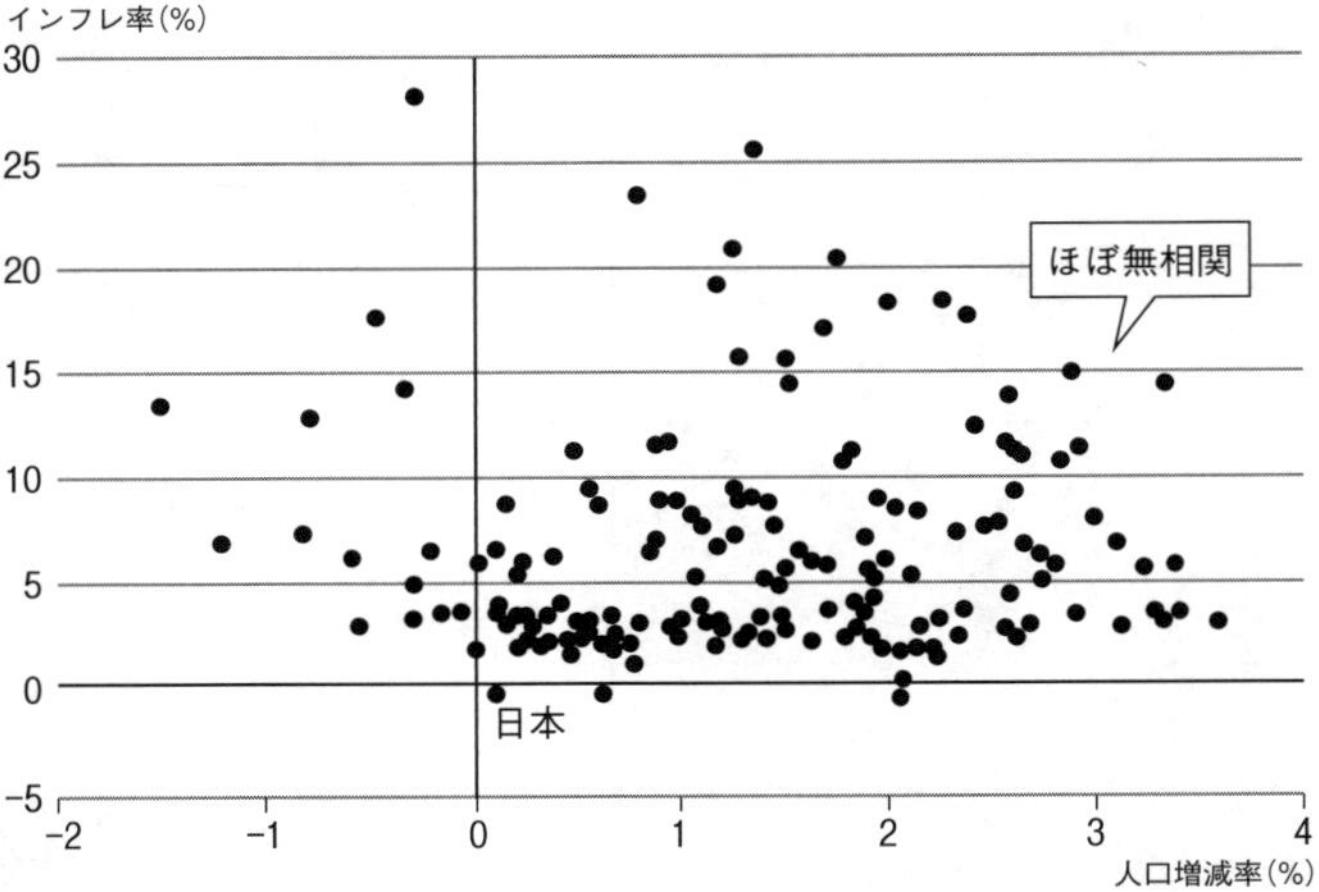

筆者が作成

〜08年の相関係数を計算してみると、0・1程度で相関はほとんどない。

人口構造にも関係するかもしれないと思い、15歳未満、65歳以上の人口の比率である「非生産人口比率」の増減をとってみたが、物価上昇率との相関係数はほぼゼロだった。

これらの一連のデータだけでも、「人口の減少はデフレの原因とはいえない」という結論が導かれるのだ。

一方で、世界各国の通貨量増減率と物価上昇率の関係を見ると、相関係数は0・7程度でかなり相関がある。これほどの相関になるようなものは他に見当たらない。デフレは人口の減少とは無関係

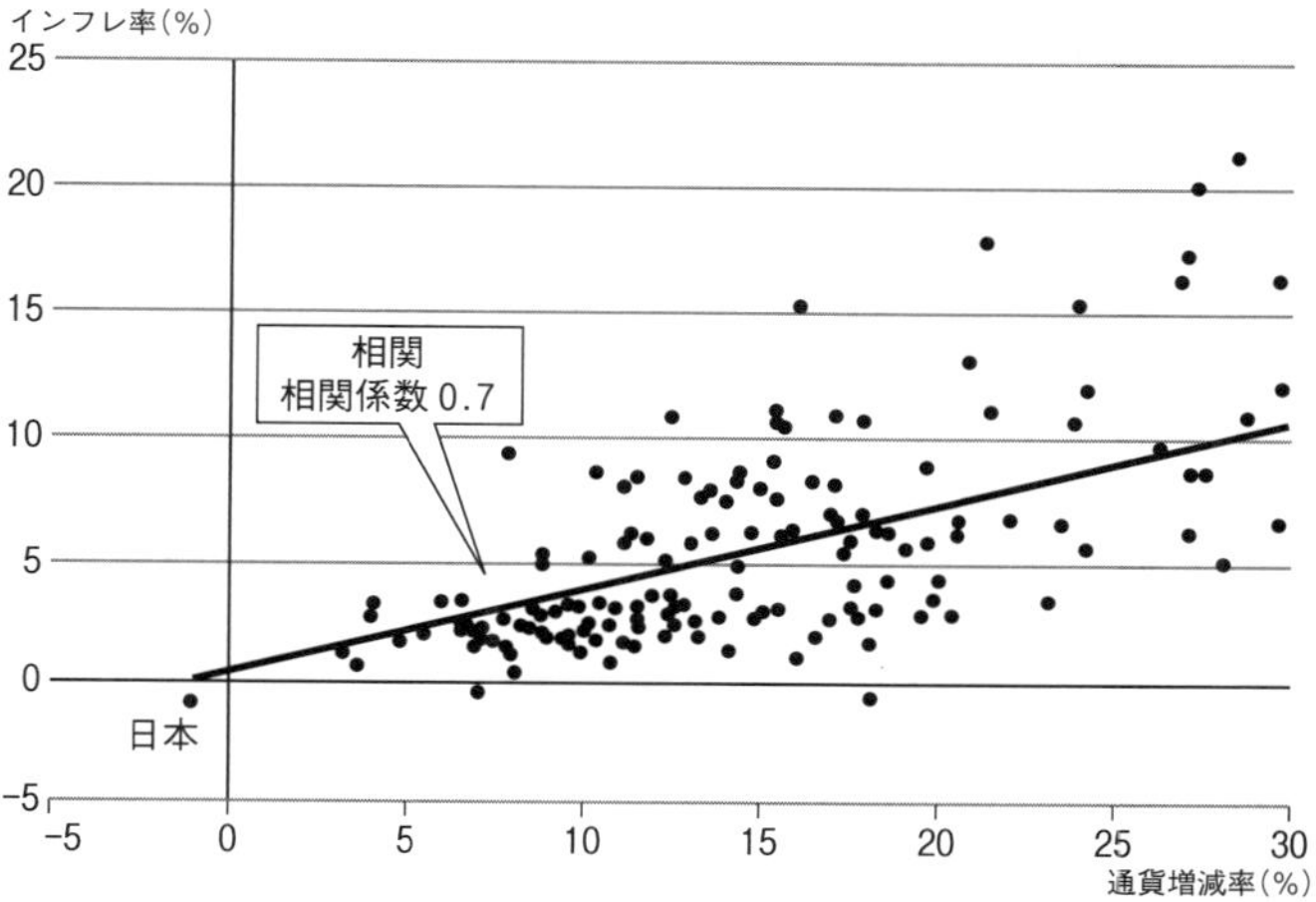

筆者が作成

で、むしろ通貨量と大きな関係があるのが確認できた。

こうした経済分析を行い、価格と物価の違いが分かっていれば、個別価格の下落に過ぎないことを「デフレ」と言う人がいたとしても、そう目くじらを立てることもない。だが、事はそう単純ではない。社会問題を論じる際は、分析者当人の本意とは関係なく、言葉のすり替えの裏に様々な関係者の思惑が隠されているのが常だ。

まず、デフレと人口減少を無理やり結びつけることで、本来は金融政策のベースマネーで対処できる「デフレ」が人口要因で規定される。つまり「デフレは金融政策では対処できない」という印象を世間に広く振りまこうとする輩が存在するということだ。それこそが、個別価格へも政策関与したい官僚であり、官僚主義のもと権限を拡大したいという意図も透けて見える。

これは、官僚が本来しなければいけない仕事をさぼり、余計な別の仕事を創作するという二重の意味で悪質だ。

そもそも金融政策は、マクロの物価に働きかけるだけの政策であり、個別の価格決定には関与しないのがメリットなのだ。一般の人が個別価格に関心を持つのは、生活がかかっているから理解できる。しかし、政策として個別価格に関与すれば、個別のビジネスに大きな影響が出てしまう。だから政策論として、個別価格への関与はしてはいけないのだ。

こうした政策論の基本が侵されるという点で、人口の減少とは全く関係ない、単に個別価格の下落に過ぎない事象を「デフレ」と称するのは絶対に許されない。

人口推計は5年おきに再調整すればいい

人口減少の危機を煽る人は、何かの意図があって煽っている。「人口減少＝日本の危機」

という構図が、古き時代の人間をちょっとだけ驚かせるのにうってつけの材料なのは、たしかに間違いない。

序章で述べたが、これまでの政府の出生率推計を当たらないモノとして揶揄する図表は多数ある。たしかに、デタラメで酷い推計であったが、２００２年以降の推計はあまり外れていない。この意味では、人口減少は「想定内」である。

人口減少危機論に対して、１つだけ真面目に答えるとすれば、減少のスピードが「想定外」に速くなるといった不測の現象があれば、おそらく困る人が出てくるということだろう。

しかし、果たしてそれは、１９２３年に発生し、10万人以上の死者を出したとされる、あの関東大震災をはるかに超えるような不慮の大災害なのか。はたまた、約３１０万人の日本人が犠牲になったとされる、第２次世界大戦のような世界を巻き込んだ大戦争なのか。そんなものは、これからどうなるかなんて誰にも分かるはずがない。

仮に、予想外の人口変動があった時に、大変な事態に陥るのは社会保障制度くらいだろう。

社会保障とは、国家が全国民に最低の生活水準の確保で生存権を保護するため、国民所得の再分配機能を利用する政策だ。1961年に国民皆保険、国民皆年金が達成されて、全国民を対象とした総合的な社会保障の基盤ができたという歴史がある。

現行の社会保障制度は、医療、年金、雇用、災害補償、介護の社会保険の他、児童手当、公的扶助、社会福祉、公衆衛生、戦争犠牲者援護などから構成される。その制度設計の基礎となるデータは、少し先の人口の増減を予測しながら計算していく。

例えば年金は、65歳になった、障がい者になった、死亡したといった「保険事故」に備えて保険料を支払い、その保険事故が起きた際に年金を受け取るという、まさに保険システムそのものだ。だが、この基本的なことすら勘違いしている人が多い。

人口の減少は社会保障制度の崩壊にはならない。なぜなら、保険料を支払う人が減れば、その分だけ給付額も減るように自動調整されるからだ。保険事故の事由が、ガンなのか、長生きなのかというだけで、民間の生命保険（死亡保険）と仕組みは何ら変わらない。

「そんなことを言い出したら、人口の減少が民間保険の危機を招くことにもなり得る」という人もいるが、これが保険の仕組みであり、無意味な議論だ。

また、やがて年金制度が崩壊し、年金がもらえなくなってしまうなどと勘違いしている人が意外と多いことにも驚く。

この年金の勘違い問題については、第3章で改めて詳しく解説したい。以下ではまず、社会保障制度の中でも医療・介護について話をする。

医療・介護サービスを受ける時、その費用は個人支出（自己負担）と公的支出（社会保障支出）で支払う。この２つを足した総額が、いわゆる医療・介護給付費（単に医療費とも）で、その推計には国立社会保障・人口問題研究所の将来推計人口などのデータが加味されている。

同研究所の推計によれば、２０４０年頃には高齢者数がピークを迎え、２０６５年には人口が約８８００万人に減ると予測されている。国はそうした各種推計に基づき、医療費が２０１８年度の約50兆円から、２０４０年度には最大約94兆円に増えると推計している。その推計が、社会保障制度を考える際の議論の材料になる。

つまり総人口数は、あくまで制度設計をするためのものさしでしかない。人口が減ったからといって、ただちに社会保障制度が崩壊するといった類の問題ではないのだ。人口減少率さえ予測できていれば、ある程度は先が読める。それなりの保険収入に見合った制度設計をするしかないというだけの話に過ぎない。

人口が把握できる範囲では、日本の歴史を振り返ってみても、これまで予想外のことは起きていない。「そもそも人口データがウソだった」などとうそぶき、「政府が人口統計を改ざんして人口の急減を隠している」と批判する人もいるが、死亡者数などは現実に起こる現象数と完全に一致するはずがない。1件ごとのレベルで完全に把握できるわけがないと皆が分かっているから、その批判も大した問題ではない。

しかも、人口推計は5年おきに調査するため、何十年も先まで読めなくても、5年おきに再調整していけば何の問題もないのだ。しかも、最近は政府の推計が当たっており、「想定内」の出来事だ。

だから、人口減少によってどんな問題が起きるのかといった類の質問は、その人がきちんとした証拠もなく、ずっと「人口減少は大問題だ」と思い込んでいるだけなのが透けて見える。「まあ人口は減るだろうが、出生率もこれからほとんど横ばいだろうから、社会保障制度の設計には支障は何もない」というのが筆者の答えだ。

10年先、20年先のことなんて誰も読めない。だいたい、携帯電話の世界でスマートフォンが主流になるなんて、20年前に誰が読めていただろうか。だから、人口減少が数十年後にもたらす影響などに怯える必要はない。せいぜい身の回りで起こるであろう5年先のことが読めていれば大丈夫だ。

こういったことから、移民政策などによって無理やり人口を増やす必要はないと筆者は考えている。その理由について、第2章でさらに詳しく見ていこう。

第2章

移民政策の是非

日本を真似したいアメリカの移民政策

昨今、「人口減少時代だからこそ、移民（あるいは難民）を受け入れて労働力を補完しよう」という議論が沸き起こっている。結論から言えば、移民なんていうものは政策論的に絶対受け入れるべきではない。

その理由を考える材料として、まず世界の移民政策がどうなっているのか見てみよう。国際比較するものとして「移民統合政策指数（Migrant Integration Policy Index、以下ＭＩＰＥＸ）」がある。

２０００年代以降、ヨーロッパを中心に移民統合政策の国際比較が盛んになってきた。そこで、イギリスの国際文化交流機関であるブリティッシュ・カウンシルが、労働市場へのアクセス、家族呼び寄せ、教育、政治参加、長期滞在許可、国籍取得、差別防止措置の７分野について、１６７の政策指標を設けて数値化し、移民政策について国際比較を可能にしたのがＭＩＰＥＸだ。

２０１５年の調査では、ＥＵ、北米の他、トルコ、オーストラリア、ニュージーランド、韓国そして日本などの38カ国が対象となっている。指標の数値が高い、つまり移民を受け

世界人口の予測

地域	人口（百万人）			
	2017年	2030年	2050年	2100年
世界	7,550	8,551	9,772	11,184
アフリカ	1,256	1,704	2,528	4,468
アジア	4,504	4,947	5,257	4,780
ヨーロッパ	742	739	716	653
ラテンアメリカ・カリブ海	646	718	780	712
北アメリカ	361	395	435	499
オセアニア	41	48	57	72

国際連合『世界人口予測2018年改定版』より

入れる傾向が強い上位10カ国は、スウェーデン、ポルトガル、ニュージーランド、フィンランド、ノルウェー、カナダ、ベルギー、オーストラリア、アメリカ、ドイツとなっている。日本はスロベニア、ギリシャと並んで27位、そして最下位はトルコだ。

総じて、欧米の水準が高いが、最近では従来の移民政策を見直す動きも出てきた。

スウェーデンは移民開放国として有名で、紛争国からイスラム教徒の難民などを受け入れている。例えば、２０１５年に欧州難民危機が発生したのは記憶に新しいが、この時、中東などから約16万人の難民申請者が押し寄せた。２０１７年には、移民の比率が人口約１０００万人のうち約24％に達したとされて

移民統合政策の国際比較

順位	国名	スコア	前回（2010年）調査とのスコア比較
1	スウェーデン	78	/0
2	ポルトガル	75	+1
3	ニュージーランド	70	/0
4	フィンランド	69	+2
4	ノルウェー	69	−1
6	カナダ	68	−1
7	ベルギー	67	+2
8	オーストラリア	66	−1
9	アメリカ	63	+1
10	ドイツ	61	+3
11	オランダ	60	−8
11	スペイン	60	/0
13	デンマーク	59	+10
13	イタリア	59	+1
15	ルクセンブルク	57	+2
15	イギリス	57	−6
17	フランス	54	+1
18	韓国	53	−1
19	アイルランド	52	+1
20	オーストリア	50	+3
21	スイス	49	+1
22	エストニア	46	+1
23	チェコ	45	+3
23	アイスランド	45	/
23	ハンガリー	45	+1
23	ルーマニア	45	+1
27	ギリシャ	44	−2
27	日本	44	+1
27	スロベニア	44	/0
30	クロアチア	43	/
31	ブルガリア	42	+3
32	ポーランド	41	+5
33	マルタ	40	+2
34	リトアニア	37	+1
34	スロバキア	37	/0
36	キプロス	35	/0
37	ラトビア	31	+2
38	トルコ	25	+1

ブリティッシュ・カウンシル「移民統合政策指標（MIPEX）」の調査結果（2015年版）より

いる。

だが、現在の移民政策については、政策費用がかかる他、高い失業率を招いているとも批判されている。そのため、２０１８年９月に行われた議会選挙では、移民排斥や反イスラムを掲げる極右のスウェーデン民主党が得票率３位と躍進した。

近年、ＥＵでは極右政党が台頭していたが、やはり雇用政策に加えて移民政策が大きな焦点だった。

イギリスでも、ビザの有効期限が切れた移民者を厳しく取り締まる政策に転換した。労働あるいは就学目的で入国する者に対して、厳しい措置をとっている。スイスは、これまでも比較的厳しい移民政策だったが、２０１４年の国民投票により、さらに移民の受け入れを制限する提案が承認された。

また、明治大学の山脇啓造教授によれば、オランダでも例えば、移民に課された統合試験に合格するための公的支援が削減されて試験が有料になったり、移民の就労や家族呼び寄せの制限が強化されたり、移民政策が厳しくなっているようだ。

さらにカナダは、技能を持つ労働者を移民で補ってきたし、人口増加に寄与してきた。以前は、１６０万カナダドル（約１億５０００万円）の資産と、政府認可の投資案件に８

0万カナダドル（約7500万円）を無利子で5年間融資した外国人に永住権を付与するという、「投資家移民制度」なるものがあった。だから、多くの中国人富裕層が移住を希望していた。年間20万～25万人の移民を受け入れていたが、この制度は2014年に廃止が決定。移民の基準の厳格化を打ち出している。

世界で移民受け入れが厳格化されている中で、仮に日本がMIPEXで最下位になったところで誰にも痛みはない。「だから何が悪い」とはっきり言える。

アメリカではトランプ大統領が就任早々、「メキシコ国境に壁を造る。費用はメキシコに負担させる」と息巻き、不法移民を取り締まる姿勢を示した。2017年3月には、イスラム教徒が大多数を占めるイラン、リビア、シリア、ソマリア、スーダン、イエメンの6カ国の市民を対象に、新しい入国禁止の大統領令に署名。90日間の入国が禁止されたほか、すべての難民受け入れを120日間停止した。

また、アメリカ政府は2018年5月頃、メキシコ国境を越えて不法入国するあらゆる移民について、難民登録申請中かどうかにかかわらず逮捕し訴追する「ゼロ・トレランス（寛容ゼロ＝一切の例外を認めない）」との方針を打ち出した。国境地帯では移民親子の引き離し措置がとられており、引き離された子どもの数は約2000人に上っているという。

「アメリカは移民キャンプにはならない」とまで言及している。

これら一連の行動の是非はさておき、トランプ大統領には「アメリカは移民の国だ」という認識があるのがはっきり分かる。

移民を水際ではじくための移民法

ところで、なぜ日本では世界の潮流とは逆行するかたちで、移民受け入れの議論が浮上してきたのか。

２０１４年3月、少子高齢化で減少する労働力人口の穴埋め策として、政府が移民の大量受け入れに関して本格的な検討に入ったと報じられた。

その背景には、経済財政諮問会議の下に「選択する未来」委員会が設置され、人口減少などを議論する中で、一部の有識者から外国人労働力活用の拡大という選択肢が提起されたことがある。これが、事の発端だった。

毎年20万人の外国人労働力を受け入れ、出生率が人口を維持できる2・07に回復すれば、今後１００年間は人口の大幅減を避けられる。当時はそんな内閣府の試算があったのだ。

しかしなぜ、そうまでしてでも人口を維持する必要があるという考え方がまかり通ったのだろうか。

人口の構造や数の変化と経済を結びつける考え方は、実は古くからある。有名なのが、アメリカの株価アナリスト、ハリー・デントの「支出の波」(Spending Wave)だ。ごく簡単に言えば、個人支出のピークが45歳くらいなら40代半ばの人口の変化と景気に相関がある、という理論だ。人口動態だけで複雑な経済現象が説明できるので、経済学を知らない素人にも分かりやすいし、ウケる。

しかし、これは需要面の一部しか見ていないため、伝統的な経済学者はデントの説明には懐疑的だ。人口動態が、個別の問題で重要なカギを握る場合は別にして、特定分野を除いてマクロ経済ではそれほど重要な要素ではない。

さらに「デフレは人口減少とは無関係」というのは、すでに前章で指摘した通りだ。経済学的にはデフレは通貨量によって決まるもので、人口の増減とは関係ないのだ。そもそも、現在も人口が減少しているにもかかわらず、日本銀行の金融緩和ひとつでデフレを脱却しつつあることからもそのことがよく分かる。

人口減少によって「国内市場が縮小することが問題だ」と主張する人もいるが、人口の少ない国でも１人当たりＧＤＰを高いレベルで維持している国もある。過去の研究だが、経済学者の原田泰氏が、人口減少によって労働人口当たりの成長率は、むしろ高くなる可能性があることを示した。先進諸国の労働力人口増加率と労働生産性伸び率の関係を見てみると、労働力人口が減少しているスウェーデンやイタリアなどで労働生産性が上昇していた。その理由は、労働節約的な技術革新が促進されたからだという。

だから、人口減少は経済成長率にさほど影響はない。むしろ筆者は、都市部における土地や住宅の過密問題が解消されると見ている。同様に電車や道路の混雑問題もなくなる。何なら環境問題にも人口減少は有効だ。

それにもかかわらず、政府が人口目標をあえて掲げた理由は、こうした人口減少のメリットを享受しつつ、一方で急減することによる社会保障制度などでのデメリットを防ぎたいからだ。

人口には様々な要因が関係するが、最も重要なのは序章でも扱った出生率だ。だが、何度も繰り返すが、出生率は男女の性交渉の回数次第で決まるから、急に増えるものでもない。それでも政府が正式に「総人口１億人」という目標を設定するなら、かなり野心的な数字といえよう。

だから、仮に目標を達成しようとすると、やはり移民を本格的に検討せざるを得ない状況にあるのは分かる。1億人を目標にするなら、公的年金制度などの社会保障のために移民政策をドラスチックに変更し、移民の受け入れに転じるかどうか。さもなければ、年金支給開始年齢の引き上げや高所得高齢者の社会保障カットなどなど、いずれも厳しい問題に直面することになるだろう。逆に言えば、「人口1億人」という目標は建前だけにして、無理やり達成しようとしなければ何ら問題はないのだ。

最近、「政府が移民受け入れに本腰を入れた」などと煽る人も増えてきたが、それは移民が望ましいと思った人がそう叫んでいるに過ぎない。一方の安倍首相は、「移民は望ましいものではない」と考えているはずだ。

だから、これから移民を管理する移民法を作ることになるだろう。管理すると言うと、移民容認派は「これでどんどん移民を受け入れるようになる」と勘違いし歓喜するだろうが、本質は全くの逆。水際で移民をはじくことを考えているはずだ。なぜなら、移民を受け入れれば、必ず社会問題が起こるからだ。

その手始めに、政府は法務省の入国管理局を外局の庁に格上げする方針だ。入国審査官らの定員を増やして予算を重点配分し、入管業務の司令塔としてルールを定める権限を強化する。この組織改正を、マスコミ報道では外国人労働者の受け入れのためと説明するが、正しくは受け入れを厳格に精査する組織であり、受け入れ歓迎というものではない。これまで法務省の出入国審査はあまりに裁量的であったので、法規制によって厳格化・透明化を図ろうとするものである。決して、入国管理庁への格上げ組織改正は外国人労働者を寛容的に受け入れるものではない。

労働力としての外国人は必要なくなる

ここからは外国人労働者についても触れておきたい。日本は今、空前の人手不足と言われている。例えば、日本銀行「全国企業短期経済観測調査」（短観）の雇用人員判断Ｄ．Ｉ．を基に厚生労働省がまとめたデータによれば、人手不足感は２０１０年以降強まり続けている。

２０１７年１～３月期には全産業、製造業、非製造業いずれも、バブル経済がピークだった１９９２年同期以来、25年ぶりの人手不足感に見舞われた。短観によれば、２０１８年に入っても人手不足感はより一層高まっている。

人手不足感の推移

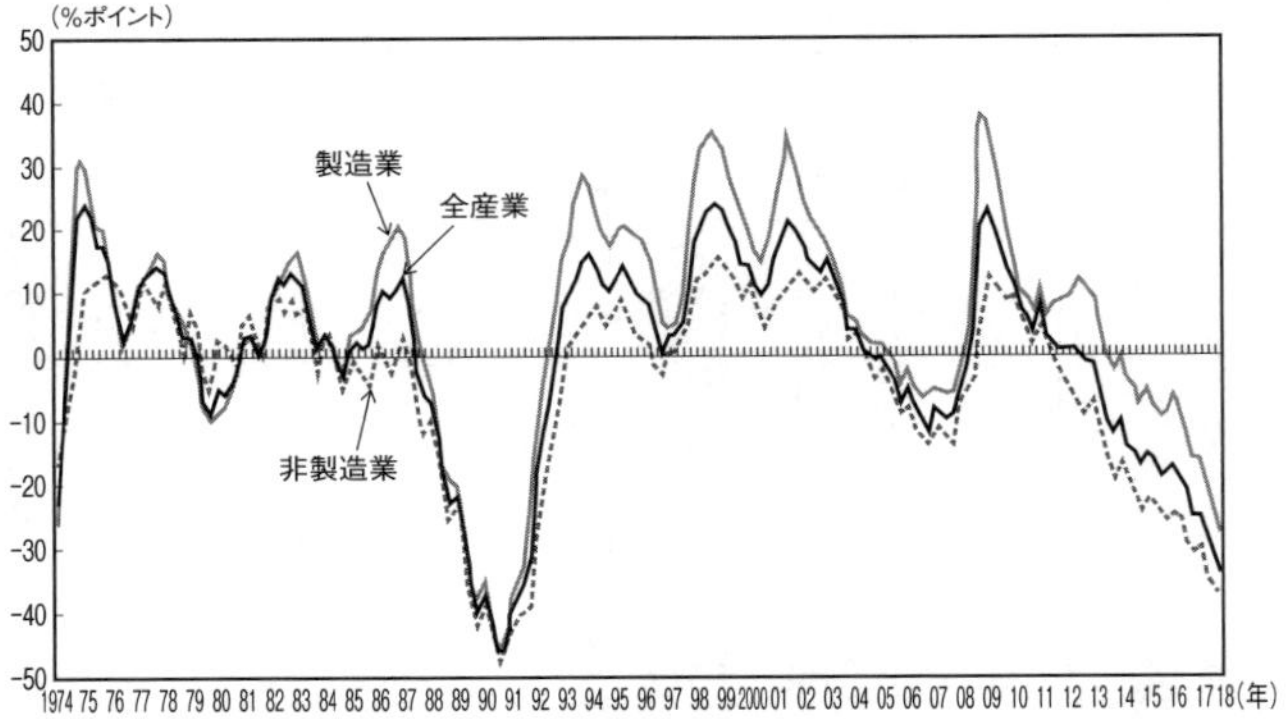

日本銀行「全国企業短期経済観測調査」より厚生労働省が作成

たしかに労働力という意味では、人手とのバランスは大事だ。その点では、建設や製造など労働系のいわゆるブルーカラーの職種には、外国人の労働力が必要なのかもしれない。事実、そうした理由で外国人労働者は増えてきた。

厚生労働省によれば、２０１７年10月末時点での外国人労働者数は１２７万８６７０人で、前年同期比19万４９０１人、18・０％の増加。また、外国人労働者を雇用する事業所数は19万４５９５カ所で、前年同期比２万１７９７カ所、12・６％の増加だった。どちらも、２００７年、雇用対策法に基づき外国人雇用状況の届け出が義務化されて以来、過去最高を更新した。

日本における外国人労働者数の推移

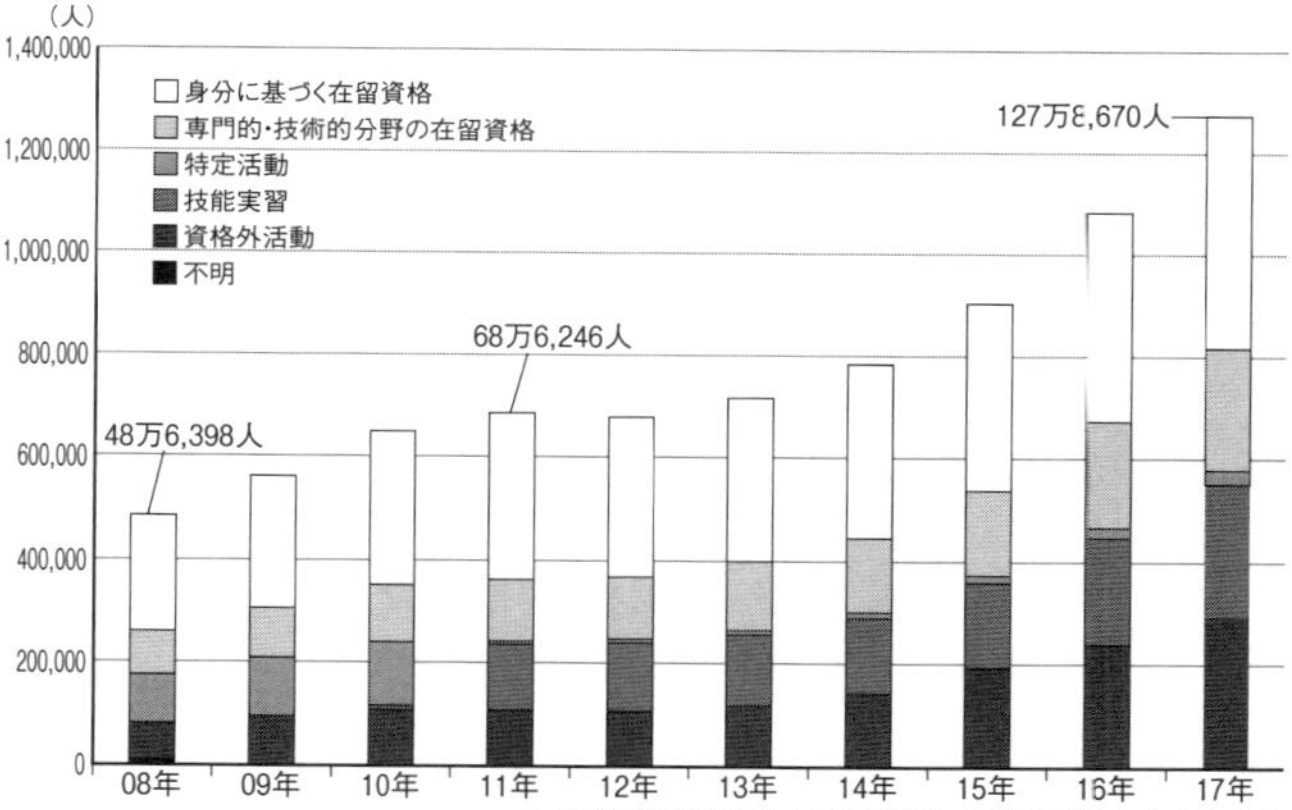

厚生労働省「『外国人雇用状況』の届出状況まとめ」より

在留資格別外国人労働者の割合（2017年）

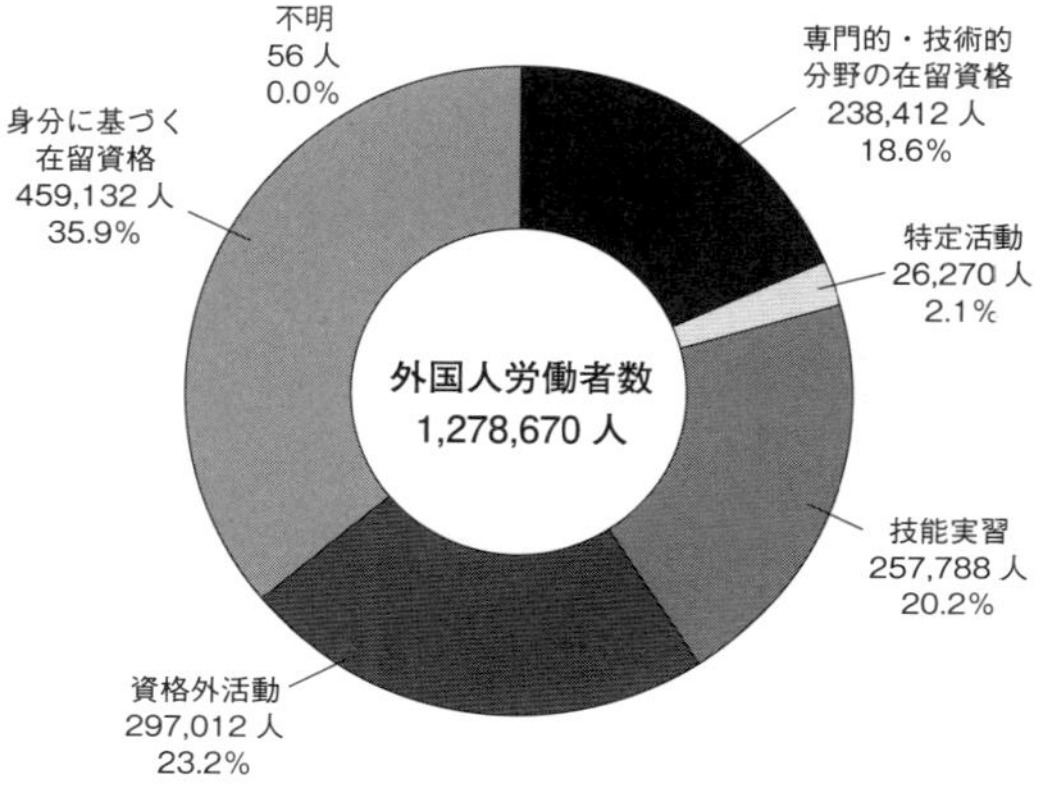

厚生労働省「『外国人雇用状況』の届出状況まとめ」より

国籍別外国人労働者の割合（2017年）

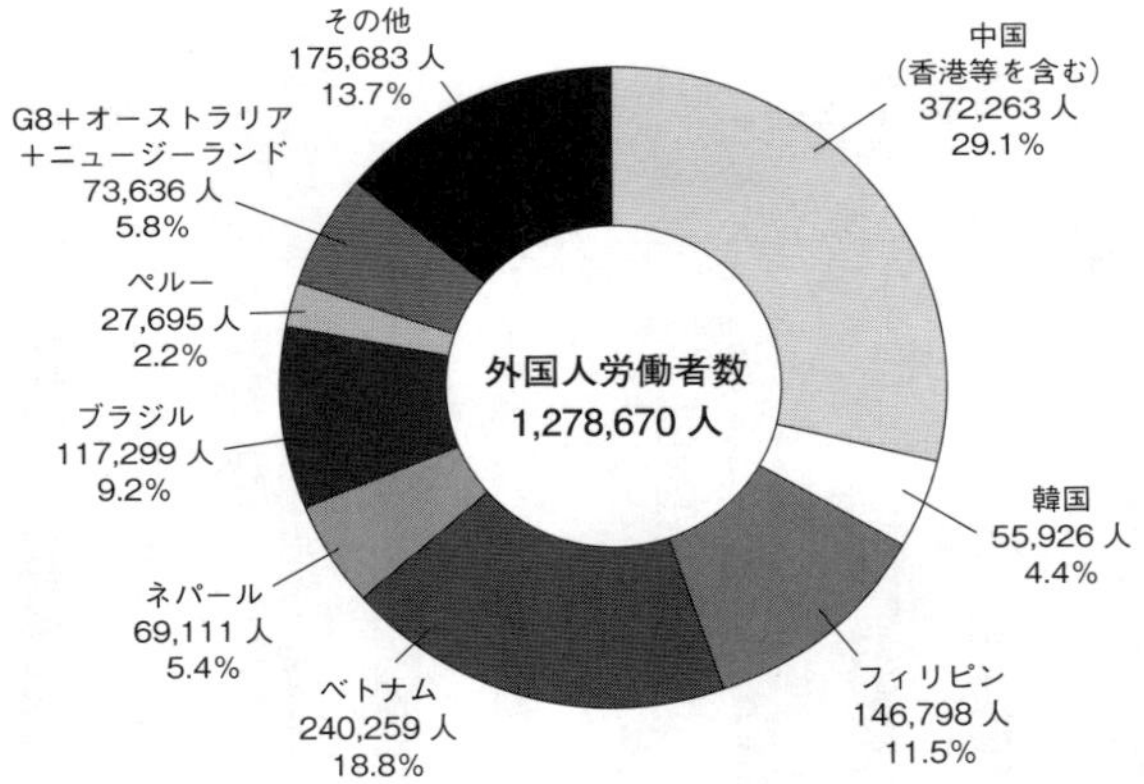

厚生労働省「『外国人雇用状況』の届出状況まとめ」より

国籍別では、中国が37万２２６３人で外国人労働者全体の29・１％を占めて最も多く、次いでベトナム24万２５９人、フィリピン14万６７９８人と続く。在留資格別では、「専門的・技術的分野の在留資格」の労働者が23万８４１２人で、前年同期比３万７４１８人、18・６％増加。また、永住者や永住者を配偶者に持つ人など「身分に基づく在留資格」の労働者は45万９１３２人で、前年同期比４万５７４３人、11・１％の増加となっている。

しかし、ブルーカラーもそのうちＡＩ化されてくるだろう。そのため、労働力という観点では、最終的に外国人は不要になってくるはずだ。外国人が増え過ぎると、日本人の雇用を圧迫するし、安い賃金で働くから日本人の賃金水準も下がる。また、働き場所がなくなって外国人の生活保護受給世帯が増えてしまうという懸念がつきまとう。入国管理庁は、日本人の給料を下げてまでも外国人労働者を受け入れないはずだ。このあたり、安価な労働力を手にしたい経済界とその走狗のマスコミ報道は、外国人労働者受け入れ万歳なので、よく注意して見るべきだ。

例えば、自動車メーカーの工場などがあり、労働力として外国人を受け入れている群馬県大泉町では、２０１８年６月末時点の人口４万１８１８人の約18％に当たる７５６３人が外国人。そのうちブラジル人が４１４５人と、日本の中でも外国人比率が高い自治体になっている。ここでは、外国人の生活保護受給の割合が２０１８年３月末時点で約23％と高く、しかも住民税の滞納も発生し、自治体の財政を圧迫しているという問題が生じている。

このように、ひとつ間違えれば外国人労働者の流入は社会問題を起こすだけの存在になりかねない。

日本は、今のところ外国人による社会問題は諸外国に比べたらほとんどない方だから、リベラルな人は、「外国人を受け入れないのは人権侵害だ」などと煽りたがる。しかし、それに決して乗ってはいけない。なぜなら、ＭＩＰＥＸ上位の国を見れば、外国人の流入問題で困っているところばかりだからだ。

もちろん、外国人労働者を受け入れないと成り立たない国もあるにはある。しかし、日本はそうしなくても国として十分成り立っている。これからも人手不足の業種はＡＩ化が進み、補われていくだろう。そちらの方が、圧倒的に労働力の管理が楽だ。

ＡＩのロボットが感情を持ち、やがて反乱するといったＳＦ映画的なことでも起こればどうなるか分からないが、そんなことは絶対に起こらない。第４章でも述べるが、ＡＩは所詮プログラムで人間の英知を超えることはないからだ。

労働力確保などの名目で外国人を受け入れたい人たちは、はっきり言ってしまえば、中国系、韓国系の人たちが中心だ。日本はそれ以外の国の人には住みにくい。そもそも白人、黒人などは容姿そのものが違うし、言葉も文化も全く異なるからだ。

その点、黄色人種の中国人、韓国人は容姿がほぼ同じだから暮らしやすい。言葉や文化はたしかに異なるが、同じ東アジア圏だから欧米圏との違いほど大きな差はない。

筆者も中国人、韓国人の友人はいるし、様々な国に行ったことがある。実際に現地を見聞きして、移民などいない方がいいと率直に感じたし、どの国の人たちもそう思っていた。だから筆者は、外国人労働者の受け入れは反対だとはっきり言う。

それは、話を移民に戻しても同じことで、「移民を受け入れよう」と声高に叫んでいる言論人は、何となく格好つけているだけだ。よくよく見ると、移民受け入れ派の支持母体は、その国の国籍を持たない外国人に対しても政治に参加する権利（外国人参政権）を与えるべきだとか平気で主張しており、外国人を日本の政治に組み込もうとしている。

移民の定義はもともと微妙だ。例えば、国際連合広報センターによれば、移民の定義は「正式な法的定義はないが、移住の理由や法的地位に関係なく、定住国を変更した人々を移民とみなす。３カ月から12カ月間の移動を短期的または一時的移住、１年以上にわたる居住国の変更を長期的または恒久移住と呼んで区別する」とある。仮に、日本国籍を取ってしまったら、それはもう移民ではなくなるともいえる。だから、外国人参政権の支持母体には、国籍を母国に残したまま日本での政治的発言権を与えようという思惑があるのだ。

これは選挙における票田としてもかなり大きい。それは関西に行けばよく分かる。そういう外国人にすがっている政党があるからだ。

中国人による高額医療の不正利用が問題に

移民の問題になると、リアリズムだとかリベラリズムだとか、とかく思想論に陥りがちだ。筆者もよく誤解されるが、そんな基準で物事を考えてはいない。必要な政策を考える基準は、社会コストに見合うかどうかだけだと割り切っている。

そして移民にかかる社会コストは、労働力不足の損失よりもはるかに大きいことはもはや明白だ。移民のせいで社会保障費がぼう大になったり、職を失ったりすることを懸念して、国民が移民受け入れに反対しているEU諸国の混乱の様子が、それを如実に示してくれている。

政府が移民法を作ろうとしているのは、移民を受け入れるための制度設計ではなく、あくまでコントロールするのが目的だ。移民受け入れの話は、総務省がなし崩し的に取り組んでいるだけで、いずれは行き詰まるだろう。

いくら政府が年間20万人受け入れるといっても、いまだにどんな法律でやるのかが曖昧模糊としているし、法務省の方針もよく分からない。とはいえ、いきなり移民法を制定するのは難しいだろうから、おそらくもう少し経って様々な社会問題が表面化してきたら、移民法を制定する方向に動いていくだろう。

社会問題の中でも、先に挙げた生活保護受給より大きな問題が、外国人が留学生として日本に入国し、日本の高額医療を受けて母国に帰ってしまうことだ。

例えば『週刊現代』によれば、３カ月の投与で４６５万円かかる「ハーボニー」というC型肝炎の特効薬がある。国民健康保険（国保）の医療費助成制度を使えば、治療費の自己負担は月額２万円で済むため、偽の中国人留学生がその仕組みを不正に利用しているという。

他にも、高額なガン治療薬の「オプジーボ」（２０１８年ノーベル医学・生理学賞を受賞した京都大学特別教授・本庶佑氏の研究をもとに開発）を使った治療や移植医療など、同様の例は枚挙にいとまがない。

日本には、病院窓口での支払いが高額でも、一定額を超えれば還付される「高額療養費制度」なるものまである。外国人が高額医療を受けるため、入国から1年以内に申請すればもらえる「限度額適用認定証」をあらかじめ準備しておけば、支払いが初めから一定額に抑えられて超過分を負担しなくて済む。そこで、この格安医療を目的に、留学ビザで来日する中国人が増えているのだ。

最近の調査では、半年以内に80万円以上の高額医療を受けたケースが1年間におよそ1600件あったという。端的に言えば、日本の医療費が食い物にされているということだ。

こうした事態を受け、厚生労働省は2018年6月、在留資格のない外国人が国保に不正加入していないかを調査する方針を固めた。

そもそも留学ビザの場合、民間保険加入を義務付けるのが国際常識だ。もちろん家族も民間保険で対応させる。

筆者もアメリカ留学した際に、ものすごく高い民間保険に入らされた。「保険に入らないとビザを出さない」と言われてしまうから、誰もが仕方なく入る。それが普通の国の感覚だ。こうやって、どこの国でも、自国の公的保険制度を食い荒らされるのを防止している。

日本では民間保険に入れとは言わず、いきなり「国保に入れ」と言われる。結果、重病を患った人が学生として入国し、ある程度通院してから帰国するというパターンがかなり多いのが現実なのだ。

加えて、東京都荒川区では国保の不正利用が疑われる事例として、「出産育児一時金」の制度が問題視されているようだ。

国保加入者は国籍を問わず、また出産場所が国内か海外かを問わず、出産すれば一律42万円が受給できる。荒川区議会議員の小坂英二氏によれば、２０１７年度の出産育児一時金の支払件数は全体で２６４件、そのうち外国人が１０５件だったという。つまり約40％が外国人で、そのうち最も多いのが中国人の61件で約23％を占める。荒川区には人口比で中国籍が３・２％しかおらず、異様な数字だと評している。

留学ビザを取得すると、日本で国保に加入する義務が発生する。それを逆手に取って、医療保険が使えるようにするのだ。在留期間の条件は、かつては1年間だったが、２０１２年７月から住民基本台帳法の改正に伴い、それまでの外国人登録制度が廃止され、在留期間が３カ月に短縮された。日本語を学びたいという理由で申請すれば、どんな高齢者でも留学ビザは取得できる。

本当に日本は馬鹿なやり方をしていて、公的保険制度が性善説で成り立っており、入国方法が国際水準でないがためにいいとこ取りをされている。ちなみに、ビザの資格要件を緩和したのは民主党政権だ。そのあたりからも、移民の受け入れを声高に叫んでいる正体が見え見えだ。

移民の拒否は人権侵害ではない

そもそも日本の出入国管理法に問題がある。ザルというか、世界のスタンダードと全く違うのだ。世間知らずの役人が考えるものだから、緩いのは仕方がない。

例えば、法務省は2010年3月以降、留学生や技能実習生などとして入国した外国人が難民申請をした場合、申請から6カ月後には就労を認めていた。これが通称〝難民ビザ〟と呼ばれるもので、難民申請が2010年の1202人から、2017年には1万9629人まで急増してしまったのだ。

一方で、日本には難民認定されていない偽装難民が多いとも言われているが、それもまさしく法律で何も決めていないからだ。審査が行われている間はずっと日本に居られる、という部分があまりに緩い。

とはいえ、法務省もただ手をこまぬいているわけではない。2018年1月から審査の手順を変え、審査を待つ間の就労を制限した。そのため、同年1〜6月の難民申請は5586人となり、前年同期比で2975人減って8年ぶりに減少へ転じた。この時期に難民認定されたのは22人だった。

このように、少し運用を変更すれば無駄な作業は減る。とはいえ、仮に世界標準の法律を作ったところで、そこまで日本には難民は来ないだろう。唯一想定される危険なケースは、北朝鮮が崩壊した時にどっと難民が押し寄せることぐらいだ。

移民の議論については、各国とも難しい状況になっている。日本でも、専門性や技術を持つ外国人労働者の受け入れは拡大を先行させるだろう。実際、建築・土木業界では、東日本大震災以降は雇用状況の改善などで人手不足が生じており、外国人労働者の受け入れは既成事実化しているところでもある。

しかし、移住とは短期的な観光や旅行ではなく、長期にわたる居住だ。人口減少を補う目的で単純労働者の移民を受け入れる場合、雇用への影響のみならず、文化摩擦や治安悪化への懸念も強い。

トランプ大統領の移民政策に関して、日本のマスコミはこぞって「トランプは移民を送り返せと主張する差別主義者だ」という論調だった。しかし、よくよく聞くと、トランプ大統領は何の許可もなく密入国したり、犯罪をしている不法移民の話しかしていない。逆に言えば、合法的な移民には居住権を与える余地があることを示唆しているとも受け取れる。

日本の移民受け入れ数は、もともと経済協力開発機構（ＯＥＣＤ）でも下から数えた方が早く、先進国では少ない方だった。最近でこそ、ＯＥＣＤ加盟35カ国の最新の外国人移住者統計（２０１５年）で、日本への流入者は約39万人となり、前年比約5万５０００人増えて韓国を抜き4位に上昇したが、基本的に移民は受け入れないスタンスだ。

なぜ、日本のマスコミがトランプ大統領を悪者にするのか、理解できないし恥ずかしい限りだ。

例えば最近、新幹線で放火事件や殺人事件が起こってしまった。同様に、車内に爆弾が持ち込まれ、テロを起こされる可能性もある。これは日本人であれ、外国人であれ、簡単にできる。東京駅から乗り込んで爆弾を置き、品川駅で降りるだけでいい。だが、外国人によるテロがまだ起きていないのは、外国人が少なくて目立ってしまうからだ。たしかに観光客は増えているが、定住ないし長期滞在はまだ少ないため、テロを起こしにくい。

やはり、移民はいない方が国民にとっては安全だ。移民受け入れ国ではそういう不安が常につきまとっている。それを全く理解しないまま、移民を受け入れない＝人権侵害と短絡的に批判するのは、移民がどのような存在か日本人が理解していない証左だろう。

日本はこれまで、入国審査官の努力により水際で移民をはじいてきた。そういう意味では、アメリカよりもはるかに移民に対しては厳しい。トランプ大統領もそれが分かっているから、今後の移民政策を見据えて安倍首相を頼りにするのはよく分かる。一方で、ドイツのメルケル首相は移民受け入れ派だから、トランプ大統領とはそりが合わない。

そんなドイツでも、ＥＵ域外からの不法移民による社会問題の方が大きくなって、移民政策の見直しの段階に来ている。

単純労働はＡＩに置き換わる

筆者は少なくともお花畑のリベラル（左派）ではない。だが、コテコテのコンサバティブ（保守主義者）でもない。ただ社会コストを合理的に考えた結果、よりメリットがある方を選択しているだけだ。

ＭＩＰＥＸでも、日本はヘイトがあるから順位が低いなどと言われているが、そもそもＭＩＰＥＸが国際的に比較しているだけで、日本の数値が低いのは別に恥ずかしいことではなく、他国から見れば羨望なのだ。

肉体労働などの単純労働に従事している人間は、いずれＡＩに取って代わられる。つまり、移民の労働場所はＡＩが奪っていくから、移民を無理して入れることはない。これまで日本の状況を考えてみたが、やはり移民のメリットは何かさっぱり分からない。旅行だけしてもらって定住しない方がすっきりするし、何の問題もない。

前述の通り、政府のこれまでの目標は、毎年20万人の労働移民を増やすことだったが、ここ最近、２０２５年までに50万人以上受け入れる方針を表明した。しかし、それは産業界がうるさいから歩調を合わせているに過ぎない。50万人も一気に増えれば必ず社会問題が起こるから、出入国管理法を再整備し、移民法を制定する流れになっていくだろう。

だいたい、移民を単純労働力としてしか捉えていない時点で、外国人に対してとても失礼な物言いだし、不自然な言い方だ。技能実習生もいい加減な制度だ。これも言ってしまえば、外国人を安く使えるからという理由に他ならない。

一方で、機械による単純労働というのは全く失礼にはならない。メイドもロボットでいい。単純労働ほど機械の方が優れているし、人為的なミスも減る。これについては、第４章で改めて触れたい。

移民受け入れの議論は、日本政府が舵を切ったふりをしているだけで、左派の主張に騙されてはいけない。移民が経済成長の源だというのは、移民の国ならそうかもしれないが、少なくとも日本はそうではない。移民が大量に来ても社会的にマイナスの方が大きいだろうし、そんなリスクを冒す必要は全くない。移民政策は人口増加、経済成長、さらには社会保障制度を支える財源増加にはあまり寄与しないと思われる。もっとも、これらに寄与する「移民」であれば、歓迎しないわけではない。

第3章 年金と社会保障の真実

年金制度上の3つの問題点

現役世代が減れば年金制度は破綻する——。

いまだにそんな俗論がまかり通っている。結論から言えば、人口が減少しようが、高齢化が進もうが、年金はめったなことでは破綻しない。それなのに、なぜ国民はいらぬ不安を抱くのか。

それを理解するためにも、まずは年金制度に3つの問題点があることをざっと押さえておこう。

1つ目の問題点は、厚生年金に上乗せし、企業や業界が運用している私的年金の「厚生年金基金」だ。公的年金と私的年金という、予定利回りが異なる全く性質が違うものを同時に運用しているのが大きな問題だ。

数学的に考えれば、この厚生年金基金が行き詰まることは明らかだった。現に、2000年代以降は解散される基金が相次いだ。筆者は数理的な問題点をその10年前に指摘し、いずれ破綻がくることを予言しており、見事的中している。特に2012年のAIJ投資顧問事件では、運用の失敗に加えて経営者たちが不正な利益を得ていたことにより運用資金が消失し、多くの厚生年金基金が解散に追い込まれた。無理な運用の結果として被害を受けるのは、基金に入っている会社員なのだ。

２つ目の問題点は、「年金積立金管理運用独立行政法人（ＧＰＩＦ）」の存在である。ＧＰＩＦは国民年金、厚生年金の積立金を運用しており、２０１４年に運用資金のうち国内債券の比率を引き下げて株式投資の比率を引き上げた。

しかし、そもそも日本の公的年金は将来入ってくる保険料を基に給付を行う「賦課方式」をとっているので、制度としてインフレヘッジ（貨幣価値下落のための対策）されている。そのため、株式運用を行う必要はないと考えるのが普通だ。諸外国の公的年金を見渡しても、地方公務員年金ならまだしも、一般国民の年金を株式で運用しているような国はほとんどない。ほとんどの国では、賦課方式がとられているので、リスクを負う株式運用の必要性がないためだ。

本来優先すべきは、年金制度の根幹である「安心・安全」だ。運用する必要のない積立金を集めて、株式で運用するというＧＰＩＦの存在自体が不要だったのだ。

３つ目の問題点は徴収漏れである。かつての「消えた年金記録問題」では、企業が従業員から保険料を徴収しながら、社会保険庁（社保庁）に納付していないケースがかなり見られた。このようなことを許していては、真面目に納付している人が損をするばかりだ。そうした経緯から、きちんと年金が納付されているか全国民が毎年確認できるように「ねんきん定期便」が誕生した。筆者は、第1次安倍政権時代にこの制度の創設に大きく関わった。

これら3つの問題点について、以下の項から深く掘り下げていきたい。

重大な欠陥があった厚生年金基金

そもそも年金は、分かりやすく言えば〝3階建て〟になっている。1階部分が国民年金（公的年金）、2階部分が厚生年金（公的年金、共済年金も統合）、3階部分が厚生年金基金（半官半民年金。破綻して既になくなった）や確定拠出年金（私的年金）などだ。

すべての国民は国民年金制度に強制的に加入する。1階部分の給付年金は「老齢基礎年金」と呼ばれ、所得の高低に関係なく40年間保険料を納めれば満額支給される。自営業者や農業者などの第1号被保険者には、1階部分しかない。サラリーマンなどに扶養されている配偶者といった第3号被保険者も同様だ。

年金の“3階建て”構造

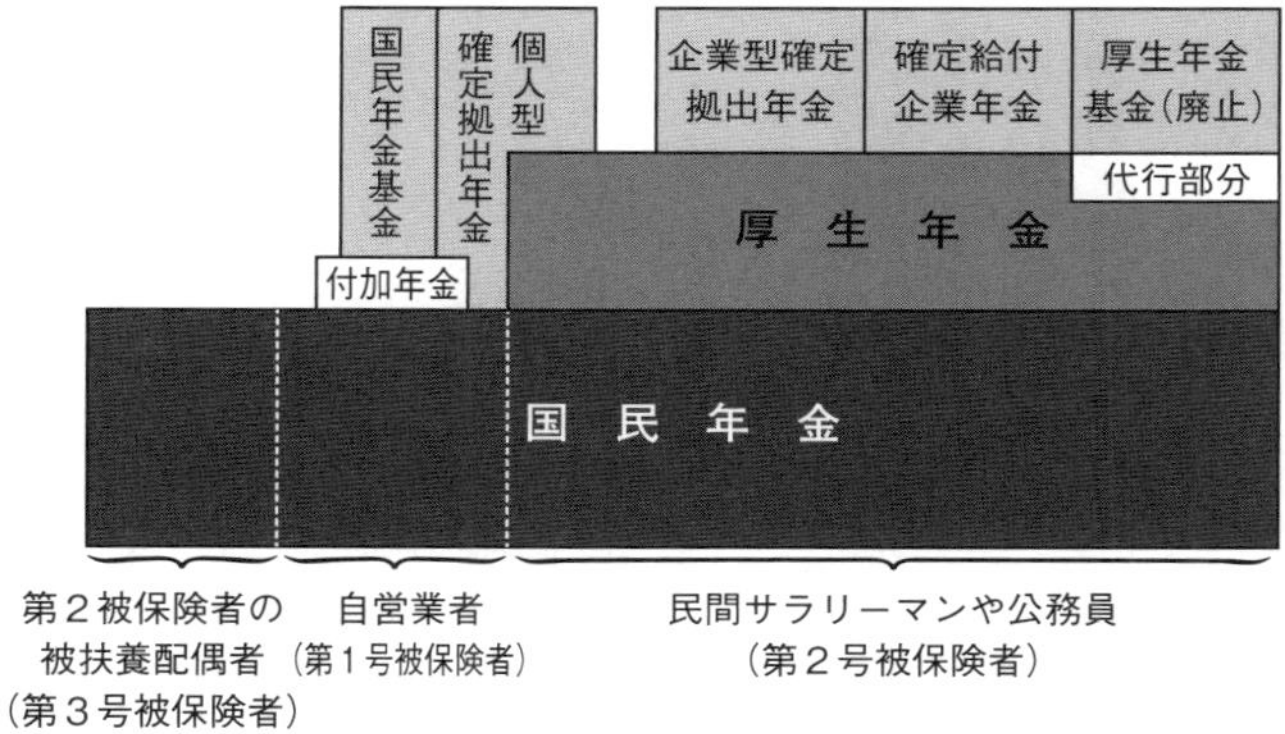

編集部が作成

２階部分は国民年金の上乗せで報酬に比例する。普通はサラリーマンが厚生年金に加入し、第２号被保険者となる。もちろん所得が多く保険料をたくさん納めた人は、それだけ年金も多く受け取れる。ここまでが公的年金で、いずれも現役世代から集めた保険料を老齢世代の年金給付に充てる賦課方式だ。

これとは別に、個人ないし組織の任意で入る年金保険（私的年金）がある。例えば、自営業者には１階部分に加えて「付加年金」と「国民年金基金」という制度がある。付加年金とは、毎月の国民年金保険料に、プラス４００円上乗せした分を40年間納めれば、基礎年金額が年間９万６０００円加算される。国民年金基金は、選択した給付の型、加入口数、加入時の年齢、性別によって掛け金月額が決まり、掛け金の上限は月額6万8000円だ。

第2号被保険者のサラリーマンなら、1階部分の基礎年金、2階部分の厚生年金に加えて、3階部分には半官半民の厚生年金基金がかつては存在したが、それらは破綻し、今はない。そこで、会社によって「確定給付企業年金」と「企業型確定拠出年金」がある。確定給付企業年金は、将来の給付額をあらかじめ確定させる。その上で、給付額をまかなうのに必要な掛け金を年金数理で算出する。企業が契約先の生命保険会社や信託銀行に委託するかたちで、年金資産を一括で運用・管理し、決まった額が加入者に支払われる。だから、企業が運用リスクを負う。離職、転職時には、転職先の確定給付企業年金に資産を移換することができる。

一方で、企業型確定拠出年金は、拠出額（掛け金）をあらかじめ確定させ、将来の給付額は拠出額とその運用実績によって決まる制度で、将来の給付額は運用実績によって変動する。年金資産の運用は、運営管理機関が提示した金融商品の中から加入者自身が選択して行う。だから、加入者が運用リスクを負う。離職、転職時には年金資産の持ち運びができる。

この他に、個人で加入できる「個人型確定拠出年金」がある。一般的には「iDeCo（イデコ)」の名称で知られているものだ。加入者が自ら運用する点は企業型と同じで、60歳以降に年金または一時金で受け取る。イデコ（個人型確定拠出年金）なら、積立金額すべてが所得控除の対象で、所得税・住民税が節税できる。また運用で得た定期預金利息や投資信託運用益は非課税だ。さらに受け取る時には公的年金等控除、退職所得控除の対象となる。

金融商品に対して辛口批評する筆者がおすすめできる数少ない商品が、このイデコである。税制の恩典があり、販売金融機関に支払う運営管理手数料が比較的安いからだ。そんなわけで、手数料商売の金融機関は確定拠出年金をそこまで熱心に販売してこなかった。しかし、２０１７年1月から、加入できる人が公務員や主婦にまで拡大したため、金融機関も熱をこめるようになった。

もしイデコに加入するなら、販売会社選びと商品選びは慎重を期した方がいい。ローリスク・ローリターンの商品からハイリスク・ハイリターンの商品までラインナップされているからだ。また販売会社に払う信託報酬（手数料）も、例えば年率０・４％も取られるような投資信託には手を出さない方がいい。

ここまでが私的年金で、自分の納めた保険料を積み立てて株式や債券などで運用する

「積立方式」がとられている。

私的年金の確定拠出年金は「401k」とも言われる。その名前の由来は、1978年の米国内国歳入法の条項名（401〈k〉）だ。アメリカの場合、退職所得補償金積立に対する課税上の特典が与えられており、対象は民間営利企業の従業員だ。日本の場合、企業型と個人型があるのは先に述べた通りだが、企業型は会社が上乗せして払うもので個人型とは関係ない。

そんな401kが、日本にも誕生した背景は何か。

日本には以前、2階部分の厚生年金に上乗せする3階部分として「厚生年金基金」というものがあった。企業や業界が作る半官半民年金だが、これがとんでもない欠陥商品だった。これが、冒頭に挙げた問題点のうちの1つ目にかかってくる。

何が欠陥だったかといえば、賦課方式の公的年金と積立方式の私的年金という、2つの全く異なる性質を持たせたまま運用したことだ。

厚生年金基金は、「私的な上乗せの年金」と同時に、国に納める公的年金の厚生年金の一部（代行部分）と合わせて運用する仕組みになっていた。ざっくり言えば、上乗せ部分は企業や業界の状況に基づいた年金数理で利回り計算し、代行部分は全国民の状況に基づき同じく年金数理で利回り計算する。だが、どう計算しても両者の予定利回りは違った数字になる。だから、数学的に考えて運営は困難だし、破綻することは目に見えていた。そもそも、私的年金の中に公的年金の代行部分が含まれていたことが間違いの元だった。

だから筆者は大蔵省勤めの若かりし頃、ペンネームで専門誌に「厚生年金基金は年金制度を冒すガンである」という論文を載せて、代行部分の深刻な問題点をはっきり指摘した。あまりに内容が専門的かつ的確過ぎたから、厚生省（当時）が相当驚いていたし焦っていた。

結果的には「これを書いたのはあの髙橋だな」とばれてしまった。その時の編集担当が何とか口を割らなかったから、役所からはお咎めもなかった。あれこれ言われたが、「私に何を聞かれても全く知らない」と回避していたら、そのうち本当に厚生年金基金が潰れた。

当時は、様々な雑誌がこの問題を取り上げてくれた。かなりヒットした手ごたえがあったし厚生年金基金があっけなく潰れた時は、「してやったり」という感じで気持ちが良かった。そんな経験を官僚時代にできたのが今に活かせているし、この時に自分の名前もそれなりに売れたと思う。

厚労省には数学のプロ中のプロが就く「年金数理官」という専門職がある。筆者も数学が得意で、大蔵省内では年金数理の専門家だというイメージを持たれていた。ここで言う専門とは、その分野で未来を予測できることだ。その必要最低条件を満たすのが専門家というものだろう。

いずれにせよ、その論文を書いたおかげで401kという新しい制度につながった。厚生年金基金は日本だけの特殊な年金だったから、その代わりに国際標準として401kが導入されたという経緯がある。401kはすでに世界では制度としてあり、普通の仕組みだ。

個人型・企業型ともに、運用者がとんでもなく無知な人間だったらどうなるかは分からない。だが、401kの方が厚生年金基金よりはるかにマシな仕組みだし、潰れる確率は、厚生年金基金より少なく、安定的だと言える。

昔は他にも「適格退職年金」というものがあった。これは、企業が国税庁の承認の下で退職金を外部の生命保険会社や信託銀行などの金融機関を利用して積み立てる仕組みで、1962年に導入された。しかし、2002年4月以降は基金の新規設立は認められなくなり、2012年3月末までに厚生年金基金や確定給付年金、確定拠出年金、中小企業退職金共済などに移行することが決まり、実質的に廃止された。

この背景には、厚生年金基金という天下り先を作りたい――そんな厚労省の思惑があった。例えば、ＡＩＪ投資顧問による年金消失問題が起こった２０１２年頃、厚生年金基金は全体で５８１基金あり、そのうち３分の２に当たる３６６基金に旧社会保険庁（現日本年金機構）のＯＢら国家公務員が役員として天下りしていたことが明らかとなった。その総数は７２１人。この利権を確固たるものにするため、厚労省は適格退職年金をどんどん潰して厚生年金基金を作ったのだ。

それをみんなが見過ごしている状況にも、筆者は腹が立っていたし、数学的なものとは別にこの問題に取り組むきっかけになった。なぜ適格退職年金と厚生年金基金という２本立てで回していたのに、厚労省が急に片方を潰しまくったのか、不思議で仕方がなかったのだ。

しかし、厚生年金基金を１つ作ると天下りのポストが１つ増えるという仕組みを知ってから、厚生年金基金を必死に推していた理由がよく理解できた。さらに、数理計算という観点で世界各国に同様の仕組みがあるのかを調査してみたら、前例が皆無だったのだ。そこで数理計算してみると、全くうまくいかないのが分かってしまった。筆者はその結果を論文に落としただけだ。

この時、役所はサラリーマン人間ばかりだということを痛感した。焦った厚生省（当時）が大蔵省の人事課までやってきて「高橋が書いたんだろう！」とすごんだり、あげくには筆者の先輩だと知った上で、ある保険数理の大家を持ってきて、筆者を潰しにきた。そうなると余計に匿名でどんどん出したくなる。それで他の経済誌でもどんどん取り上げてもらった。

公的年金、私的年金を2つ合わせた厚生年金基金だが、年金をどういう料率にすれば最適化できるかなど、普通の人には到底分からない。それを厚生省は理解した上で、天下り先確保のためにあえて黙っていたのだろう。たしかに、そういう仕組みは右肩上がりで調子のいい時はあまり問題が表面化しない。しかし、いったん落ち目になれば、すぐに問題が噴出するものだ。

筆者のような年金の専門家から見ると、標準的な数理計算の予測を使っているからこんなものは間違えるはずがない。しかし、厚生省は馬鹿な制度を作ったのが恥ずかしいからか、間違いだったとは絶対に認めようとしない。

とはいえ、筆者の場合は、相手のことを尊重して「悪意がある」とは言わず、「ただの馬鹿だ」という表現に留めることにしている。だから、まだ優しい方だ。

別の評論家には「髙橋の姿勢は甘い。彼らは悪意を持ってやっているはずだから、もっと厳しく糾弾すべきだ」などと批評されるが、正直そんなことまで証明できない。悪意というものは証明できないから、結果的に馬鹿だったという表現しかできないのだ。

利権の温床であるGPIFは不要

問題点の2つ目として挙げたGPIFは、国民年金・厚生年金の年金積立金を運用する組織だが、そもそもこの「年金積立金」とは何を指すのか。それは、日本の年金制度の成り立ちに関わってくる。

国民皆年金となった1961年当時、日本には既に厚生年金制度があった。厚生年金は戦後からスタートしたが、当初は積立方式で行われていた。しかし、積立方式はインフレに弱いという性質があり、徐々に賦課方式に移行していった。実際、高度経済成長の中で急激なインフレが起こると、給付が厳しくなったため、将来世代につけを回す賦課方式が取り入れられていった。具体的には、制度が未熟なうちは給付を上回る保険料を課して

GPIFの成り立ち

1961年11月25日	特殊法人年金福祉事業団設立
1986年4月18日	年金資金運用事業を開始
	財政投融資借入による年金資産の運用を開始
2001年4月1日	年金資産運用基金の設立
	厚生労働大臣から寄託された年金資金の運用を開始
2006年4月1日	年金積立金管理運用独立行政法人（GPIF）の設立
	年金積立金の管理・運用業務を担う機関として設立

年金積立金管理運用独立行政法人（GPIF）ホームページより

「積立金」を作り、成熟するにつれ徐々に賦課方式に移す方法がとられたのだ。先進国の公的年金は賦課方式で運営されており、基本的には積立金は保有せず、流動性確保のために少額持っているだけだ。

つまり、日本のGPIFが運用する積立金の源流は、本来は存在しないはずの厚生年金と国民年金による積立金であり、これを財テクビジネスにつながると金融機関が目を付けたのだ。

１９９０年代には積立金の額は１２５兆円ほどになっており、年金積立金は厚生省から大蔵省の資金運用部に預けられていた。このうち、１００兆円が国債の金利で運用され、残り25兆円が厚生省の特殊法人である年金福祉事業団（現ＧＰＩＦ）に貸し付けられ、市場運用されるようになった。

２０００年度までは大蔵省の資金運用部が管理し、財政投融資という形式で公共事業などに貸し付けされていた。しかし、後に特殊法人改革や行財政改革の中で年金積立金を市場で運用することが決まり、現在もこれが続いている。

実は、当時の大蔵省理財局長も、なぜ年金運用を株式でする必要があるのかと、我々職員に疑問を投げかけていた。そこで、筆者は問題を突き詰めて年金のバランスシートを作って細かく考えてみた。先に結論を言うと、賦課方式では積立金は不要で、せいぜい流動性確保のために10兆円程度の積立金があれば運営できる。つまり、ＧＰＩＦは不要ということが判明した。

また、ＧＰＩＦは厚労省の利権の温床にもなっている。なぜなら、年金積立金の市場運用が決まったのはバブル期の財テクブームの頃で、その運用を担っていたのが、厚生事務次官の天下り指定席だった年金福祉事業団だったからだ。有り余るほどの金で、各地で不良債権化したリゾート施設を作りまくったグリーンピア事業も、この年金福祉事業団による負の遺産だ。

２００６年にＧＰＩＦと名前を変えたが、官による財テクという性格は変わっていない。

それどころか、官僚に運用などできるはずもないから民間の金融機関に丸投げだ。１００兆円超の資産を運用すれば、金融機関には信託報酬０・２％程度、２０００億円程度が転がり込む計算。まさに濡れ手に粟だ。

消えた年金記録問題から生まれた「ねんきん定期便」

３つ目の問題点について触れる前に、年金制度について確認しておきたい。

年金を理解するために押さえておくべきポイントは、①年金は保険である、②40年間払った保険料と20年間で受け取る年金の額はほぼ同じ、③「ねんきん定期便」は国からのレシートである――この３つだけだ。

まず、①について見てみよう。

例えば、健康保険は、病気やケガになれば本人負担分以外は徴収された健康保険料で支払ってもらえるが、そうならなければ完全な掛け捨てで丸々損だ。しかし、人間いつどうなるか分からない。急に治療費を払えない事態になるかもしれない。そんな時、健康な人のお金で病人やケガ人を保障するのが健康保険だ。

これは、若くして亡くなってしまい、残された扶養家族が路頭に迷うといったリスクに備える死亡保険（生命保険）にも共通している。

それらと比較すると、年金は長生きするリスクに備え、早逝した人の保険料を長生きした人に渡して保障する保険と言える。65歳を支給開始年齢とすれば、仮にそれ以前に亡くなれば完全な掛け捨てになる。遺族には遺族年金が入るが、本人には1円も入らない。逆に運よく100歳まで生きられれば、35年間にわたりお金をもらえる。

年金は、数学や統計学を用いてリスクを評価する数理計算で破綻しないように、保険料と保険給付が同じになるように設計されている。確率・統計の手法を駆使して、緻密な計算によって保険料と給付額が決められている。年金制度を実施する集団について脱退率、年金受給者が何歳まで生きているのかという死亡率、積立金の運用利回り（予定利率）など、将来の状態の予想値（基礎率）を用いた「年金数理」で算出する。ちなみに、これが民間保険になれば「保険数理」となる。

つまり、数理計算を用いている点で年金も民間保険も共通しており、これが「年金は保険」と筆者が主張する根拠だ。

国民年金、厚生年金、民間の個人年金は、いずれも正確に言えば「保険」であり、すべての国民に最低限の生活と社会的援助を提供する、いわゆる「福祉」とは本質的に違う。国が無条件に老後を保証してくれるわけではない。まずこのことをきっちり理解しなければ、年金の有用性が分からないままになる。

２００４年の年金制度改革で、保険料がその時点から２０１７年まで段階的に引き上げられ、厚生年金の保険料率が18・３％、国民年金は１万６９００円で固定するように定められた。また、これまで３分の１だった基礎年金の国庫負担割合を、現役世代の保険料負担が過重にならないように配慮しながら、２００９年度までに２分の１に引き上げることが決まった。

給付額については、マクロ経済スライドが導入された。端的に言えば、保険料収入の範囲内で給付を維持できるように、数理計算で算出しようということだ。物価や賃金が上がると、それに連動して給付額は増えるが、現役世代の人口減少や平均寿命の延びを加味して、給付水準を自動的に調整（抑制）する仕組みだ。

年金は掛け捨ての部分が大きくなれば保障額が多くなり、小さければ少なくなる。つまり、現役世代の人口が減って保険料収入が少なくなろうが、平均寿命が延びて給付額が増えようが、社会環境に合わせて保険料と給付額を上下させれば破綻しない制度なのだ。

公的年金の加入期間と受給額の関係

	国民年金（万円）		厚生年金（万円）					
			平均年収300		平均年収500		平均年収700	
加入期間	年額	月額	年額	月額	年額	月額	年額	月額
40年	78	6.5	66	5.5	110	9.1	153	12.8
38年	74	6.2	62	5.2	104	8.7	146	12.1
36年	70	5.8	59	4.9	99	8.2	138	11.5
34年	66	5.5	56	4.7	93	7.8	130	10.9
32年	62	5.2	53	4.4	88	7.3	123	10.2
30年	58	4.9	49	4.1	82	6.9	115	9.6
28年	55	4.5	46	3.8	77	6.4	107	9.0
26年	51	4.2	43	3.6	71	5.9	100	8.3
24年	47	3.9	39	3.3	66	5.5	92	7.7
22年	43	3.6	36	3.0	60	5.0	84	7.0
20年	39	3.2	33	2.7	55	4.6	77	6.4
18年	35	2.9	30	2.5	49	4.1	69	5.8
16年	31	2.6	26	2.2	44	3.7	61	5.1
14年	27	2.3	23	1.9	38	3.2	54	4.5
12年	23	1.9	20	1.6	33	2.7	46	3.8
10年	19	1.6	16	1.4	27	2.3	38	3.2

公益財団法人生命保険文化センター「ねんきんガイド」より

次に、②（40年間払った保険料と20年間で受け取る年金の額はほぼ同じ）について見てみよう。

現在の法律では、10年以上保険料を納めていれば年金を受け取れることになっているが、10年しか納めていない人と40年納めた人とでは、当然もらえる金額には差が出る。では、いったいどれくらい年金をもらえるのか。

国民年金と厚生年金のいわゆる「公的年金」では、ざっくり言うと「40年間納めた保険料の総額」と「20年間でもらう年金額」が同じになるように設計されている。つまり、20歳から60歳までの40年間納めた金額を、60歳から80歳までに受け取る仕組みだ。

これを基に考えれば、1年当たりに受け取る年金額は、1年当たりに納めた保険料の2倍になることが分かる。厚生年金の場合、保険料率は月給の2割程度なので、月給の4割くらいだと考えておけばいい。

これはあくまで「生涯を通じての平均給与の4割」である。例えば若い頃の平均月給が10万円だとして、その後、経済成長などもあって現在の平均月給が30万円に上がったという場合、その人の年金納付額は4万円時代と12万円時代の両方を含んだ計算になる。

会社員の場合は多くが年功賃金であるので、若い頃の給料は安く、退職間際の給料は高くなっているものだ。しかし、日本経済のマイナス成長が続いて給料が増えなければ、人口減少の影響をもろに受けて年金制度の維持が難しくなるようにも思えるだろう。

そのため、65歳になった時に「年金がかなり減っているのではないか」と不安を抱いている人も少なくないかもしれない。しかし、実質価値で言えば、年額ではせいぜいマイナス数万円くらいだ。もし、自分が受け取れる年金額を知りたければ、日本年金機構に聞けば詳しく教えてもらえる。下がり幅は小さいから、年金破綻なんてするはずがない。

最後に、③（「ねんきん定期便」は国からのレシートである）について見てみよう。これが、冒頭に挙げた問題点の３つ目（徴収漏れ）にかかってくる。

日本年金機構から毎年の誕生月に送られてくる「ねんきん定期便」について、その内容を理解している人はどれほどいるだろうか。会社員なら、給料から年金保険料が天引きされた金額が書かれた給与明細を受け取るだろう。これはあくまで会社が発行する会社員のためのレシートだ。

一方のねんきん定期便は、年金保険料がきちんと国に納められているかを確認するために有効な証明書で、国が全国民のために発行しているレシートになる。さらに、将来受け取る年金の見込み額も書かれており、将来設計にも役立つ。これで確認して、年金だけでは老後の生活費が足りないと考える人は、貯蓄や民間の年金保険などで備えればいい。

具体的には、書面の中にある「これまでの保険料納付額」という欄に累計の納付額が記されており、これがレシートに相当する。厚生年金は労使折半で会社が半額を負担しているため、国はこの欄に書かれた2倍の金額を受け取っている。

レシートの明細に当たるのが「最近の月別状況です」と書かれた箇所だ。ここには標準報酬月額（月給）、標準賞与額（ボーナス）とともに保険料納付額が記されている。ここが、自分がもらった給料やボーナスよりかなり低い数字なら、会社がそれらをごまかして低い保険料しか納付していないおそれがある。標準報酬月額や標準賞与額は、報酬の額を等級で分けており、少し丸められた数字になっている。そのため自分がもらう金額とは完全に一致しないが、おおまかな状況は分かるだろう。

ちなみに、ねんきん定期便は、アメリカの社会保障通知をヒントに筆者が発案した。国が持つ年金記録を広く周知してみてはどうか、という単純な動機から思いついた。だが、当初はいくらやりたいと言っても、厚労省が重い腰をなかなか上げなかった。

そこで、ひょっとしたら厚労省はデータをきちんと管理できていないのでは、という疑問を持ち始めていた矢先の2007年頃、「消えた年金記録問題」が起こってしまった。

1997年1月に基礎年金番号を導入した際、社会保険庁（当時）は複数の年金番号を持っているかどうか、合計約1818万件を対象に氏名、性別、生年月日の3項目で名寄せし、1998年度から2006年度にかけて年金手帳の基礎年金番号への統合を進めてきた。

だが、コンピュータに年金番号の記録があっても、基礎年金番号に統合、整理されていない記録が約5000万件もあることが判明した。いわゆる「宙に浮いた年金記録」と言われ、社会保険庁が年金記録をきちんと管理できていなかったことが露呈してしまった。

さらに、納めたはずの国民年金保険料や厚生年金保険料の納付記録が社保庁のデータなどに記録されていない、いわゆる「消えた年金記録問題」も判明したのだ。

これにより、社保庁は2009年12月末に廃止され、2010年1月に特殊法人である日本年金機構に引き継がれた。

この一連の騒動が、年金制度への不安を大きくさせる引き金となった。単に社保庁の記録の不備というだけではない。中小企業などでも、従業員から天引きした保険料を国に納めず、会社の運転資金などに流用しているケースが明るみに出たからだ。給与明細では天引きされているのに、国には納められていないと言われ、会社にも知らないと言われて愕然とする人たちが多発した。

その対策として、ねんきん定期便が誕生したという経緯がある。だから自分が損しないためにも、毎回捨てずに内容はきちんと確認しておこう。

現状では、「保険料」と「税金」はそれぞれ日本年金機構と国税庁（税務署）に納付されているが、どちらも納めることが義務化されており、性質は同じ。それなら「歳入庁」という組織を作ってしまって徴収を一元化すれば、徴収漏れを大きく減らすことができる。

ただし、日本年金機構と国税庁の徴収部門を統合し、組織をスリム化することは官僚たちのポストを減らすことにつながる。そのため、とりわけ財務省の大反対にあって、歳入庁の構想はいまだに実現していない。

そこで出てきたのがマイナンバーだ。この導入と普及で、所得捕捉率が高まり、徴収漏れを減らして税収をアップさせる効果が期待されている。そうなれば、所得税が増えて法人税減税ができる。世界は、日本に先駆けて国民番号を導入しており、この点では日本は出遅れている。

年金に「消費増税」は必要ない

厚生年金基金、GPIF、徴収漏れ、これら3つの問題が明るみに出たことで、年金財政の危機が囁かれることになったわけだが、繰り返し言うように年金制度は破綻しない。

政府は5年に1回、「財政検証」を行い、人口や経済の実績を織り込んで公的年金財政の健全性を検証している。名目成長率など、検証時の前提条件となる想定数字の見積もりが甘いと批判されることがよくあるが、それは「年金」の問題ではなく「マクロ経済政策」の問題だ。経済政策が良ければ、年金制度もうまく回っていく。

２００８年のリーマン・ショック直後、政権の舵取りが自民党から民主党へと変わったが、民主党は金融政策に疎かったため、インフレ目標の設定などは当時なされなかった。これでは批判を受けるのも仕方がない。

一方、アベノミクスの金融政策では、結果として失業率が下がって雇用が増えた。これは非常に重要なことだ。若者が職に就けなければ、年金保険料の支払いが減り、将来を見通せないからだ。

公的年金の保険料納付はすべての国民に義務付けられているが、現実には所得が低くて払えなかったり、一部免除を受けたりしている人もいる。では、その人たちが払うはずだった分のお金は、どこから補てんするのか。その財源は税金ということになるが、そもそも税金のことを詳しく知らない人もいるだろうから、改めて簡単に説明しておこう。税金の体系が分かれば、年金に使うべき税金の種類が分かってくる。

世の中には「〇〇税」と税の名のつくものが山ほどあるから、たくさんの種類があると思っている人も多いだろう。しかし、単純化して言えば、日本の個人課税には①所得税（資産税を含む）と②消費税の２つしかない。所得税は所得源泉で、個人の財布に入る段階で税金を取られる。対して、消費税は消費源泉で、財布から出る段階で税金が取られるという違いがある。

ここで大事なのは、２つの税金の使われ方だ。

税金は行政の業務に使われるが、国と地方では異なる役割分担がある。例えばゴミ収集業務などの基礎的業務は地方の自治体で行い、自治体でできない外交や防衛などを国が行うという「補完性原則」というものがある。

そして、税金には受ける行政サービスに応じて払う「応益税」と、負担能力に応じて払う「応能税」という分け方がある。消費税は応益税になるため、地方自治体の基礎的業務に使われるのが適している。一方で、所得税は応能税になるため、国の業務に使われるのが適しているという大きな違いがある。

たしかに保険の理論なら、保険料を払えない人の穴埋めに消費税を使うという選択肢は排除できない。だが、応益税と応能税という税の理論に基づけば、消費税を国の業務である年金保険料の穴埋めに使うと、たちまちロジックが破綻してしまうのだ。

以上のことから、年金保険料の穴埋めに最も公平なのは「所得税」の一択だといえる。

所得税は、お金持ちから厚く、そうでない人からは薄く税金を徴収することで、所得を再分配できる性質を持っている。しかも、日本では、金融所得課税が低率な分離課税（ある所得を他の種類の所得と合算せず、分離して課税すること）となっており、高額所得者の負担は低い。これを総合課税（他の所得と合算して課税すること）、あるいは高率分離課税にすると、高額所得者の負担の余地は大きくなる。一方で、消費税はすべての国民に同じ税率がかかるため、所得の再分配機能はほとんど期待できない。そのため、「社会保障のために消費税を上げなければいけない」という理屈はおかしなものだといえる。さらに言えば、日本では、先進国では例がないだろうが税務徴収当局と社会保険料徴収当局が二元化しており、税と社会保険料の一体徴収ができていない。このために、社会保険料の徴収漏れは数兆円と国会で議論されている。こういった徴収漏れを放置したままにして、消費増税というのは甚だおかしい。

　世界各国でも、年金は数理計算を用いており、消費税を社会保障に充てる国など存在しない。これは、かつての大蔵省の答申においても、「消費税を社会保障目的税としている国はない」と記されている。

　また、本来ならば、年金制度は保険料とその運用だけでまかなわれるべきものだ。よって年金の給付額を増やしたいのであれば、一にも二にも保険料を上げるのが理にかなっている。それでも足りない場合に、所得税でどう補うのかという順番で発想するのが筋だ。

「それなら法人税を年金の財源に充てるという方法があるのでは」と主張する人もいるかもしれない。しかし、それは明らかに間違っている。法人税は、そもそも所得税をきちんと取れていれば徴収する必要のない税金だからだ。しかし、日本では長年、自営業者や農林水産業者などに対する所得の捕捉率が低いため、なかなかそこまでには至らない。

法人の所得は、最終的には従業員への給与と株主への配当になるため、給与所得と配当所得をきちんと捕捉できていれば、法人税はゼロでも全くかまわない。日本は法人税率が高いため、法人税を下げないと国際競争力が落ちるなどとよく言われるが、その主張は馬鹿馬鹿しい。

他の国なら、給与所得も配当所得もきちんと捕捉し所得税で取れるようにして、さらに、日本のような金融所得を分離課税にして低税率にするのではなく、総合課税または高率分離課税にして、法人税を下げようというロジックが成り立っている。つまり、国際競争力うんぬんではなく、日本はそれだけ所得の捕捉率が低いから、法人税率が下がらないということが分かる。

今後、所得の捕捉率が高まれば、自然と法人税率は下がっていくだろう。だから、いずれゼロになるかもしれない税金を、保険料の穴埋め財源としては使えない。その意味でも、法人税は年金の穴埋め財源の候補から外れる。

誤解が広まった方が好都合な人々

年金不安の根拠として、必ず持ち出されるのが「65歳以上の高齢者１人を、15〜64歳の現役世代Ｘ人で支える」という理屈だ。

内閣府の「高齢社会白書」によれば、２０２０年には２人、２０４０年には１・５人で１人の高齢者を支えることになる。このような人口減少はすでに十分予測されており、年金数理にも織り込まれている。

違う見方をすれば、たとえ現役世代の人口がいくら増えたとしても、所得が増えなければ危機であることには変わりない。もっと言えば、所得さえ上がれば、十分に高齢者を支えることができる。つまり、「人口×所得」の金額こそが大事なのだ。そして、それには何よりも経済成長が重要になる。

要するに、年金は人口政策ではなく経済政策の問題なのだ。昔は６〜７人で１人の高齢者を支えていたが、その頃の給料は今よりもずっと安かった。現在は当時より給料が上がってきたので、人数ではなく金額で考えるべきだ。そして年金制度を安定させるには、経済成長で1人当たりの所得を増やすしかない。また同時に、徴収漏れも防がなければならない。

数理計算でいけば、日本の公的年金に入らないのは明らかに損なのだが、なぜ年金不安説がいまだにまかり通るのか。ミスリードの背景には、年金不安を煽って得する人がいるからだと考えられる。では、それは誰なのか。

まず消費増税を目論む財務省が、社会保障費への世間の不安を煽っていることがある。「年金は保険」という認識が一般の人に浸透すれば、消費増税ではなく保険料アップで対応すればいいという、至極まっとうな指摘が出てくるからだ。そうなると、予算編成と国税の権力を握り「最強官庁」の名をほしいままにしてきた財務省の屋台骨が揺らいでしまう。

つまり、財務省としては「年金は社会福祉」という誤解が広まれば広まるほど、社会福祉は税金でまかなうものだから消費増税しかない、という俗論がまかり通る。その方が好都合なのだ。

その意味では、経済界も「年金は保険」という認識が世間に浸透すると困る。保険料の引き上げという本来のやり方ができないのは、経済界の強硬な反対もある。なぜなら、保険料は労使折半だからだ。

企業は従業員の保険料の半分を負担しているため、負担を上げたくない。保険料アップで年金がまかなえるとなれば、会社負担が増える。だから、普通の感覚の経営者なら、広く社会一般に負担を押し付ける消費増税の方がマシだと考えている。

同様の考えを持つ人は、まだまだいる。

厚生労働省にとっても、年金は天下り先の源泉になっており、年金が破綻しないことを必要以上に謳えば、逆にうまみを削られかねない。ファイナンシャル・プランナーが年金など暮らしのお金に直結する記事を執筆するケースも多いが、彼らにしても老後の資金設計の相談者が増えればビジネスになる。金融機関も年金不安がある方が、老後の備えというセールストークで年金保険を売りやすい。政治家にしても、特に野党は年金不安を煽れば与党を攻撃する材料になり、ついでに票も稼げる。

そして、そんな彼らのポジショントークを、視聴率や購読料を稼げる打ち出の小槌として、伝書鳩のように伝えるだけのマスコミも同罪だ。例えば、少し前に、ＧＰＩＦが２０１５年に５兆円もの損失を出したとマスコミが騒ぎ立てた。しかし、ＧＰＩＦの積立金は年金財政の5％に過ぎず、仮に運用資金が全損したとしても給付金が5％減るだけだ。いったいどこに破綻の要素があるのか。

こうした関係者のエゴが、年金制度の歪みを引き起こしてきたといえるし、「年金は保険」という常識があまり強調されない理由だ。それが意図的か、暗黙の了解かはともかく、「年金が崩壊する」という俗論に騙されないためにも、年金が保険数理でしっかり組み立てられていることをまず理解しておくべきだ。しかも、運営原理は、保険給付に見合う社会保険料という分かりやすいものだ。保険料を払えない人の分は、高額所得者の所得税の一部（金融所得に対する総合課税を含む累進部分）からもらうというのが原則だ。消費税収入を国庫負担として、年金財政に入れ込むのは、年金財政運営を分かりにくくし、ひいては国民のためにならない。

今の公的年金は、現役時代の所得代替率は4割程度である。これは世界の先進国では標準的な水準だ。それに見合った社会保険料になっており、どう見ても破綻という要素はない。人口動態も比較的うまく推計されており、「想定外」の事態にはなっていないからだ。

今盛んに、公的年金破綻論を叫んでいる人は、かつての厚生年金基金の時には一言も言っていなかった。筆者から見れば、厚生年金基金はほぼ確実に破綻する状況だったが、今の厚生年金では破綻の兆候は筆者には見えない。

そもそも消費増税に関しては、民主党政権時代に財務省に支配された野田佳彦元首相が決めたことだ。安倍首相といえど、一度法律で決めたことをひっくり返すのは難しい。それでも安倍首相は解散総選挙という手段まで使って2度延期した。その点では、消費増税が景気に悪影響を与えることをきちんと理解しているのだと思う。

お金があるなら民間保険は入らなくていい

「これからの世代は社会保障が大変になる」と言うが、筆者にはその意味するところが分からない。たしかに年金などは、将来世代から高齢世代へのお金の移動だから、将来世代になっていくほど圧倒的に不利になっていくことは間違いない。

そこで不安を煽って稼ごうとする人もたくさんいて、「民間の個人年金に加入しませんか」などと誘われて騙される人もたくさんいる。

筆者は民間保険なんかには絶対入らない。よくよく考えてみると、保険外交員に多額のマージン（よく分からない手数料）を抜かれているし、筆者自身にも一定の蓄えがある。

わざわざ数理計算せずともトータルで考えれば入らない方が断然有利だ。

　仮にマージン率が保険料の半分近くだとすれば、残りの半分を皆で寄せ集めて給付しているだけだから、保険外交員がいなければ給付は2倍くらいになるのではないだろうか。高い保険料を払って、目減りした給付金をもらう目的とは何なのだろうか。民間保険は、善意の人がいるからこそ成り立つ商売なのかもしれない。

　だから、資産がある人は保険料を払わず自ら蓄えておき、いざとなったらそれを取り崩せばいい。では、資産が少ない人は万が一に備えてどうすればいいのか。そういう人は、民間保険に入って保険外交員にマージンを取られる運命にある。保険外交員は手ぐすね引いて、そういう人たちを見込み客として待ち構えている。それが嫌なら、頑張って仕事をして、資産をコツコツ蓄えるしかないのだ。

　一定の蓄えさえあれば、民間保険なんて入らなくても何の支障もない。こんな話をすると保険会社からは嫌われるだろうが、世界で保険に入っている人の比率は日本が突出して高いのが現状だ。

　大手再保険会社スイス・リー・グループの「sigma NO3/2018」というレポートによれば、世界の生命保険の収入保険料は2兆6573億ドル（日本円でおよそ295兆円）で、

世界の生命保険の収入保険料と市場占有率

順位	国名	収入保険料（百万米ドル）	市場占有率（%）
1	アメリカ	546,800	20.58
2	中国	317,570	11.95
3	日本	307,232	11.56
4	イギリス	189,833	7.14
5	フランス	153,520	5.78
6	イタリア	113,947	4.29
7	韓国	102,839	3.87
8	台湾	98,602	3.71
9	ドイツ	96,973	3.65
10	インド	73,240	2.76
	世界全体	2,657,270	100

スイス・リー・グループ「sigma NO3/2018」より

トップはアメリカの5468億ドル（およそ60兆円）で市場占有率は20・58％、2位が中国の3176億ドル（およそ35兆円）で同11・95％、そして3位は日本の3072億ドル（およそ34兆円）で同11・56％だった。

人口は中国がおよそ13・9億人、それに対し日本はおよそ1・3億人と10分の1以下にもかかわらず、収入保険料がほとんど変わらないことからも、日本人がいかに保険好きかが手に取るように分かる。

民間保険に頼らなくとも、日本には公的保険があるのだから、しっかりと活用しよう。中国人でも高額医療などでガンガン使っているくらいだから、日本人ならもっと上手に使えるはずだ。特に将来世代の人たちは、社会保障の不安を煽るような議論にはとにかくまやかしが多いということを覚えておこう。

人口減少では社会保障は破綻しない

ここまでの話は、拙著『「年金問題」は嘘ばかり』（ＰＨＰ新書）で深く触れている。しかし、数式などは一切書かずに極力デフォルメした。本当に細かく説明しようと思うと、普通の人には理解できなくなるからだ。

筆者の主張は至ってシンプルだ。現在、自分で払っている金額がそのまま将来の自分に返ってくるのか、それとも誰か（自分）が納めた金額が、自分（誰か）に支給されるのか。それだけの違いだ。今は若い現役世代が保険料を払って、老齢世代に給付されているだけと考えると、年金はすごく単純な仕組みなのだ。

金融商品として見た場合でも、年金はすごく利回りがいい優れた商品だ。なぜなら、投資信託やファンドのように、手数料や法人税を取られているわけではないからだ。

年金に加入しているなら、ねんきん定期便をしっかり確認してほしい。なぜなら、ねんきん定期便は厚労省へのプレッシャーでもあるからだ。変な制度設計をして、払った金額よりもらう金額が少なくなるようなら、すぐに国民は年金保険料の納付を止めてしまうだろう。そうさせないための、情報の透明化という側面もある。

年金は長生きするのを保険事故として考えて、それにお金を払う。途中で若くして死んだら、遺族年金などはあるにしても基本的に年金はもらえなくなる。だから保険なのだ。長生きすればお得だとか、そういう議論ではない。一定の数しか受けられない、一定の人だけ受けられるから保険として成り立つ。〇〇歳以上が必ず全員なるとあらかじめ決まっているなら、保険にはならない。

保険事故は一定の人しか起こらないものが設定される。保険は全員が事故にならないように条件を決めないと話にならない。失業保険も、全員が失業しないから成り立つ。これも労使折半でサラリーマンなら誰もが加入しているはずだから、失業したらハローワークで手続きすればもらえる。

とはいえ、失業者ばかりでは、社会保障制度は成り立たない。失業者を減らし、賃金を上げる雇用政策は、社会を安定させるためにも不可欠なのだ。

しかし、この我々の生活に直結する雇用政策についても、誤解が氾濫しているため、第4章を通じて正しい理解を深めてほしい。

第4章

誤解だらけの雇用政策批判

定年延長は天下り廃止と雇用創出につながる

「政府が定年を引き上げようとしている。これは社会保障費の崩壊が近い証拠だ」などと煽る風潮がある。だが、それは全くの間違いであることは前章で検証した。平均寿命が高くなると、「長生きする」というリスクに対しての手立ては、保険加入期間を長くするしかない。このために長く働くのである。

一方で、政府による定年引き上げの施策は、人手不足に悩む民間企業を救える可能性があるし、公務員の天下りを減らせるというメリットもある。それについて見てみよう。

2018年8月10日、人事院は国家公務員の定年を現行の60歳から65歳へ段階的に引き上げるよう、国会と内閣に申し入れた。民間企業の高齢期雇用の状況を考慮し、60歳以上の給与は、60歳前の7割程度に減らす。また、定年延長で組織の新陳代謝が阻害されないように、60歳で管理職を外す「役職定年制」を導入するというのが骨子だ。

これは、公務員の定年延長を進めることで、民間企業にも65歳への定年延長を促すのが狙いだ。ちなみに厚労省の調査によれば、17年時点で65歳以上を定年としている民間企業の割合は17・8%しかない。企業規模別に見ると、社員1000人以上が6・7%、30

65歳以上を定年としている民間企業の割合

企業規模	企業の割合（%）							
	（再掲）65歳以上	60歳	61歳	62歳	63歳	64歳	65歳	66歳以上
平成29年調査（全体）	17.8	79.3	0.3	1.1	1.2	0.3	16.4	1.4
1000人以上	6.7	90.6	0.4	1.3	0.9	0.1	6.7	−
300～999人	9.4	87.2	0.4	1.4	1.5	0.1	9.2	0.2
100～299人	12.5	84.1	0.3	1.7	1.1	0.2	11.8	0.7
30～99人	20.5	76.7	0.3	0.9	1.2	0.4	18.8	1.7
平成28年調査（全体）	16.1	80.7	0.5	1.0	1.3	0.4	15.2	1.0

厚生労働省「平成29年就労条件総合調査」より

０～９９９人が９・４％、１００～２９９人が12・5％、30～99人が20・5％となっている。年々微増してはいるものの、まだ少ないのが実情だ。だから、まずは公務員が率先することで、民間企業の割合を増やそうというわけだ。

その背景には、公的年金の受給開始年齢の引き上げがある。現在は、生年月日によって60代前半で厚生年金部分を受け取れる人もいるが、基礎年金と厚生年金を満額受給できるようになるのは原則65歳からだ。将来、社会保障制度を維持するために、政府はこれを70歳に引き上げようとしている。

公務員は政府が雇っているから、法律で定年を決められる。しかし、民間企業に対して、定年引き上げを法的に押し付けることはできない。なぜなら、雇用者と被雇用者はどちらも民間人で、社会主義国でもない限り、民間人同士の契約に政府が直接口を挟むことはできないからだ。

例えば、2013年に高年齢者雇用安定法が施行されて、本人が希望すれば65歳（従来は60歳）まで働けるようになったが、わざわざ「この改正は定年の65歳への引き上げを義務付けるものではありません」と注記されている。つまり、民間企業の定年延長はあくまで努力目標であって、それを破ったからといって罰則があるわけではない。労働時間など労働者の健康面に関わるものは法律で決まっているが、何歳まで働くかはそれぞれの人が決めることだ。こういう基本的なことが分かっていない人が意外と多い。

公務員は、もっと早く定年を引き上げるべきだった。定年延長で一定の給与水準を確保しながら長く働ける環境ができれば、同時に天下りもなくせるからだ。早く公務員を辞めたい人は、独力でどこかの企業に再就職すればいい。そうなれば天下り斡旋は不要になる。公務員をどうしても辞めたくない人、または独力で再就職できないと考えている人は、延長された定年年齢まで働き続けていればいいだけの話だ。

また、民間企業でも働き方改革と同時に人手不足を補うために、高齢者活用を打ち出す企業も出始めている。

例えば、２０１８年９月、九州フィナンシャルグループ傘下の鹿児島銀行は、定年退職後の継続雇用制度について、同月から上限年齢を65歳から70歳に引き上げたと発表した。これは、九州・山口の主要地方銀行で初の取り組みだ。同行によれば、行員に定年退職以降も安定した就労・収入の機会を与えるとともに、高年齢者層のスキル・ノウハウを発揮できる職場環境の実現を目指すという。つまりは、ベテランによる若手育成が狙いだ。

直接的な定年の引き上げではないにせよ、このように継続雇用延長の流れの中で新たな雇用も生まれるのだから、社会保障費の崩壊の予兆などと悲観する必要は何もない。

「賃金が上がらない」という誤解

「企業の稼ぎの中から労働者に回るお金の割合を労働分配率という。これが43年ぶりの低水準だった。いったいどういうことなのか」――。

２０１８年９月に行われた自民党総裁選の最中、石破茂氏はこう述べて、アベノミクスを批判した。それに対し、安倍首相は「しかし人件費、給料も増えている」と反論した。

労働分配率・人件費・付加価値額の推移

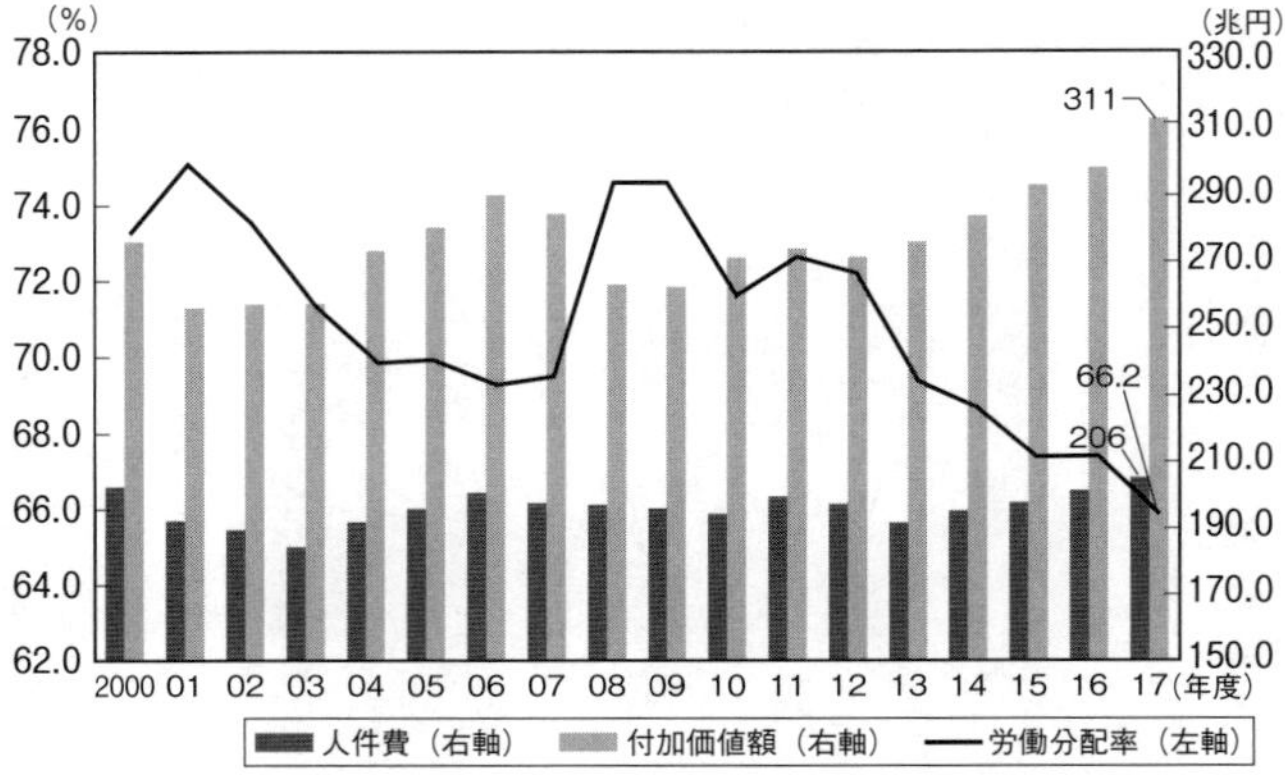

財務省「年次別法人企業統計調査」より

我々の稼ぎ（生活費）に直結する雇用問題は、いつの時代も国民が最も気にする関心事の１つだろう。それ故に誤解されていることも多い。この「労働分配率」などは最たるものだ。

労働分配率とは、「賃金総額」（人件費）を「付加価値額」で割ったものだ。つまり、企業が生み出した付加価値のお金を、従業員の給料としてどれだけ分配したかの目安となる。

その計算方法は２つある。内閣府のＧＤＰ統計を使うマクロ経済のものと、企業や業界の財務データを使うミクロ経済のものだ。ここでは民間雇用の問題だから、財務省の「法人企業統計調査」を用いて後者で見ていこう。

過去十数年間の労働分配率、人件費、付加

価値額の推移を見ると、右の図の通りだ。石破氏が「43年ぶり」と言っているのは、１９７４年度以前は60％台だったのが、１９７５年に70％を超えて以降、２０１２年度まではおおむね70％以上で推移。２０１３年度以降は60％台後半、直近の２０１７年度は66・２％となったことを指していると見られる。

たしかにこの数字だけを見れば、企業は儲けているのに労働者にお金が回っていないと思う人もいるだろう。だが、よくよく調べると、１９８０年以降の労働分配率はデフレ期には高く、好況期には低いことが分かる。

その証拠に、賃金が高かったはずのバブル真っただ中である、１９８８年から４年間は67・３〜68・６％で推移しているのだ。ちなみに２０１７年度の人件費は約２０６兆円、付加価値額は約３１２兆円で、ここ20年間で最も高い。この点、安倍首相の反論は正しい。

こうした動きになるのは、労働分配率の定義が関係する。

計算式は、分子が「人件費」、分母が「付加価値額」であることはすでに述べたが、好況期には付加価値額の方が人件費より増加のスピードが大きいから、必然的に労働分配率は低くなる。逆にデフレ期では、付加価値額が大きく下がっても人件費の動きは小さいため、労働分配率は高くなるのだ。

その理由は2つある。1つは、第1章でも述べたように、一度上がった賃金は下がりにくいという「下方硬直性」があるから。もう1つは、賃金が景気の動きに遅れて動く「遅行指標」だからだ。

賃金には下方硬直性があるため、デフレになると、付加価値額が上がりにくいのに人件費が高くなり、結果として有効求人倍率が下がって失業率が上がる。そして経済の回復を遅らせるという、デフレ経済の大問題が起こる。

だから、デフレ期における高い労働分配率は、労働者にとって有利な指標ではなく、むしろ経済全体にとってまずい指標だと捉えるべきだろう。

また、遅行指標である賃金は、GDPギャップ（需要と供給の差）が縮小してから半年程度の時間差で上がり出す。そうなると人手不足感が出てきて、その半年か1年後くらいに賃金が上がり出す。もっとも、過剰に失業者がいると、企業は賃金を高くしなくても人手が確保できるので、賃金の上がりは遅くなる。これらの現象は、富裕層がさらに富めば貧困層にも富が浸透するという理論（トリクルダウン）などではない。経済波及効果の順序の問題だ。

労働市場の特性として、賃金の調整はゆっくりなされるものだ。だから、労働分配率が

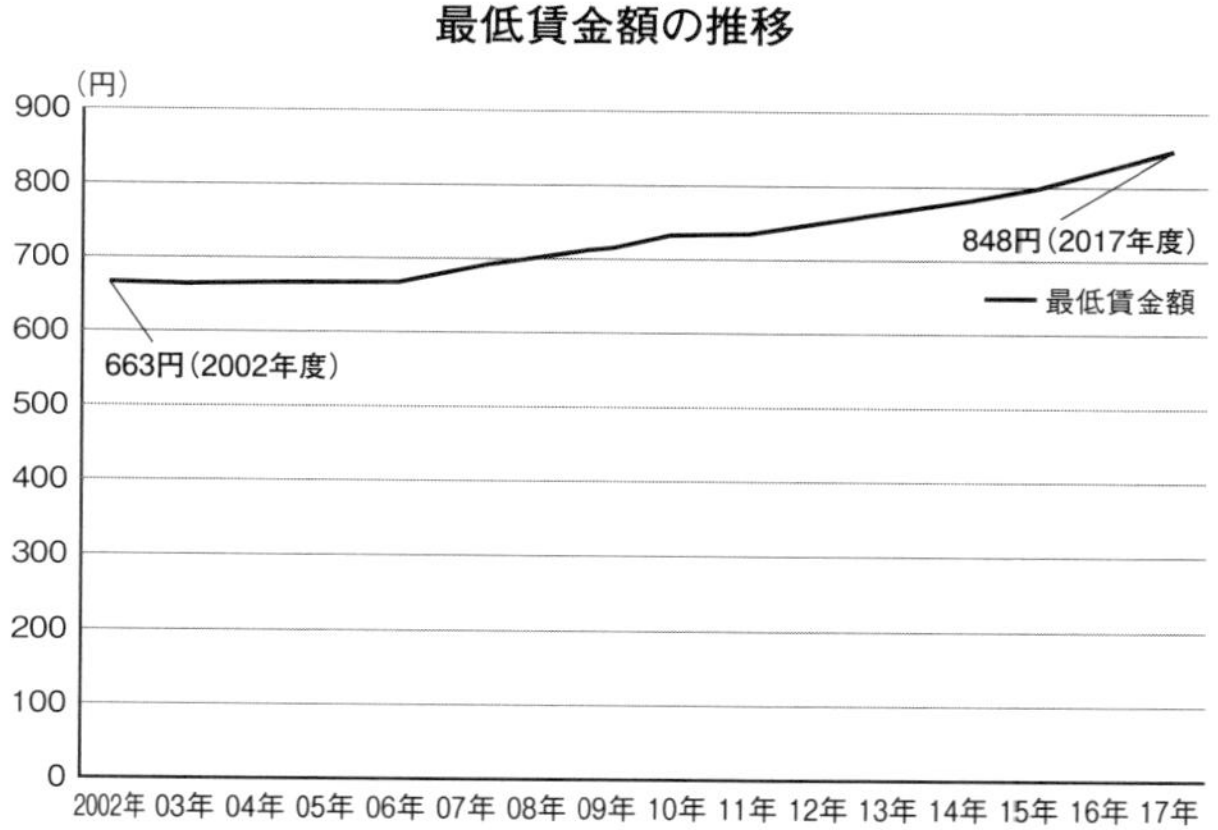

厚生労働省「平成14年度から平成29年度までの地域別最低賃金改定状況」より

下がっている＝賃金が上がっていない、などという論法は到底成り立たない。マスコミも賃上げの遅ればかりを強調する傾向にあるが、そういう意味のない議論には耳を傾けてはいけない。むしろ、デフレ脱却に突入したと捉えるべきだろう。

賃金の上げ下げの話で言えば、年単位で見れば上昇傾向にある。賃金の動向は、正社員より非正規、基本給より残業代、ボーナスの方が早く反応する。アルバイトの時給に直結する「最低賃金額」は、上の図のように、２００２年度の６６３円／時から２０１７年度には８４８円／時まで上がった。

一方で、１年を通じて勤務した給与所得者（正社員、パート含む）の１人当たりの平均給与は、1997年分の467・3万円から下降傾向にあり、2016年分は421・6万円に下がっている。だが、民主党政権下の2009～2012年は405・9～412・0万円だったことを考えると、むしろアベノミクス以降は上昇に転じていると評価できる。

おそらく、賃金が上がらないと文句を言っているのは、正規雇用の人々ではないだろうか。彼らは基本的に年1回しか賃金改定のタイミングがないから、賃金上昇の恩恵を感じにくいのかもしれない。だが、心配する必要はない。賃金は遅行指標だから、これから半年、1年経った頃には、さらに上がっていくと見られるからだ。

こうした簡単な仕組みも理解しないまま、雇用政策の是非が論じられている事例が散見される。それは、完全失業率と人口減少率についても言える。

雇用改善は金融政策が要因

人口の増減と一人当たりGDPの増減は先進国ではほとんど関係ないことは第1章ですでに述べたが、では、雇用にはどの程度影響を及ぼすのか。この点は多くの人が気にしているだろう。結論から言ってしまえば「全く関係ない」。その理由は、完全失業率は人口の増減ではなく、金融政策に左右されるからだ。

雇用問題を考える上で基礎的な数値である「労働力人口」は、15歳以上の人口のうち、その人に働こうとする意思があるかどうかで定義される。労働の意思があれば労働力人口としてカウントされ、その中で就職している「就業者」と、無職で求職活動をしている「完全失業者」に分かれる。また就業者は、現在働いている「従業者」と、病気などの理由で働いていない「休業者」に分かれる。

一方で、働こうという意思が全くない人、つまり就業者、完全失業者、休業者のいずれにも属さない人は「非労働力人口」としてカウントされる。

そして、15歳以上の人口に占める就業者の割合が「就業率」だ。労働力の活用を示す指標だから、就業率が高いほど雇用状況がいいといえる。一方で、労働力人口に占める完全失業者の割合は「完全失業率」と呼ばれ、労働市場に供給されている人的資源の活用度合いが分かる。そして、完全失業率が低いほど、雇用状況がいいといえる。

これらをワンセットにして、総務省統計局が全国約４万世帯の15歳以上の世帯員約10万人を対象として毎月その数値を算出する。

労働力人口と非労働力人口の定義

労働力人口（働く意思がある）	就業者	従業者
		休業者
	完全失業者	
非労働人口（働く意思がない）	ニートや専業主婦など	

編集部が作成

総務省統計局の労働力調査によれば、２０１８年５月の完全失業率（季節調整値、以下同）は２・２％で、前月比０・３ポイント低下した。これは、１９９２年10月以来の低い水準だ。有効求人倍率も44年ぶりに１・60倍となり、中でも正社員に限った求人倍率は１・10倍と過去最高を更新している。これは驚きの数字だ。

なぜなら、筆者はインフレを加速しない失業率（ＮＡＩＲＵ）について、２％台半ばと推計していたからだ。このＮＡＩＲＵは、日銀が言うところの構造失業率と同じで、日銀レポートでは３％台半ばと推計していた。５月の結果はそれを見事に否定した。

こうした記録的な雇用改善の要因は、ひと

完全失業者と完全失業率の推移

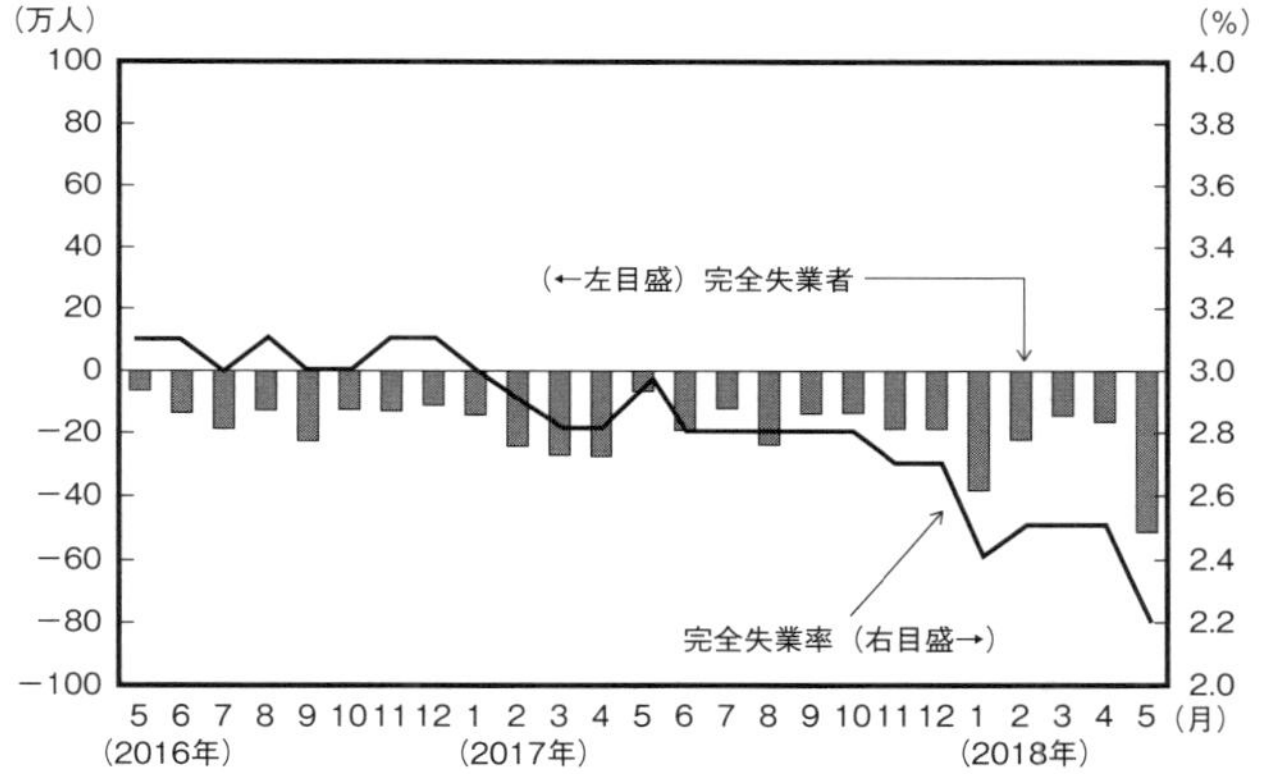

総務省統計局「労働力調査（平成30年5月分）」より

えに金融政策のおかげだ。

経済活動が盛んになれば、働こうとする意思のなかった非労働力人口から、労働力人口へのシフトが起こり、一般的に労働力人口は増加する。安倍政権が始まった２０１３年１月の労働力人口は６５７６万人だったが、２０１８年５月には２４５万人増えて６８２１万人になった。逆に非労働力人口は、同じ期間で４５２５万人から４２７０万人に減った。

また働き手も必要になり、就業者数も増加した。同時期で見ると、就業者数は６２９７万人から３７６万人増えて、６６７３万人になった。これは、比較可能な１９５３年以降では最高水準だった。

経済が好調だと、労働力人口より就業者数

の増加が大きくなり（労働力人口245万人増＜就業者数376万人増）、その結果、完全失業率が低下する。安倍政権になってからの低い完全失業率は、こうしたメカニズムによって達成されたのだ。

そもそも、リーマンショック後など例外を除けば、経済成長と失業率の間には安定的な逆相関がある。要するに成長率が下がれば失業率は上がり、成長率が上がれば失業率は下がるのだ。これを「オークンの法則」という。

失業すれば豊かさは失われるから、経済政策の目標としては失業率を下げることになる。一部のメディアや評論家は「日本は経済成長至上主義を捨て、ゼロ経済成長でもいいから心にゆとりのある生活を過ごそう」と、訳の分からない理想論を展開する。だが、ひとたび成長が止まれば巷に失業者があふれるのは明白だ。そこに心の豊かさやゆとりがある訳がない。

話を戻して、2018年5月分の労働力調査のデータと、本稿執筆時点で最新の7月分と比較すると、労働力人口は6807万人で14万人減、就業者は6636万人で同37万人減、非労働力人口4283万人で同13万人増となっている。完全失業率は2・5％と5月に比べて微増したが、有効求人倍率は5月を上回る1・63倍の高水準を維持している。

労働力と有効求人倍率の月別推移

	労働力人口（万人）	就業者（万人）	非労働力人口（万人）	完全失業者（万人）	完全失業率（%）	有効求人倍率
2015年1月	6612	6378	4489	233	3.5	1.14
2015年2月	6634	6403	4471	229	3.5	1.15
2015年3月	6629	6403	4473	225	3.4	1.15
2015年4月	6603	6381	4502	221	3.4	1.17
2015年5月	6613	6394	4491	217	3.3	1.19
2015年6月	6628	6405	4481	222	3.4	1.19
2015年7月	6616	6393	4487	221	3.4	1.21
2015年8月	6620	6396	4484	222	3.4	1.23
2015年9月	6646	6419	4459	225	3.4	1.24
2015年10月	6634	6421	4472	212	3.2	1.24
2015年11月	6618	6401	4486	217	3.3	1.25
2015年12月	6641	6422	4462	217	3.3	1.27
2016年1月	6676	6465	4432	212	3.2	1.28
2016年2月	6653	6437	4450	217	3.3	1.28
2016年3月	6643	6428	4464	214	3.2	1.30
2016年4月	6652	6438	4454	214	3.2	1.34
2016年5月	6650	6443	4456	208	3.1	1.36
2016年6月	6681	6472	4426	208	3.1	1.37
2016年7月	6689	6486	4416	202	3.0	1.37
2016年8月	6685	6475	4420	209	3.1	1.37
2016年9月	6675	6473	4425	202	3.0	1.38
2016年10月	6683	6483	4420	200	3.0	1.40
2016年11月	6681	6477	4422	203	3.1	1.41
2016年12月	6706	6501	4397	205	3.1	1.43
2017年1月	6703	6506	4403	198	3.0	1.43
2017年2月	6683	6492	4422	192	2.9	1.43
2017年3月	6690	6502	4413	187	2.8	1.45
2017年4月	6707	6521	4394	188	2.8	1.48
2017年5月	6722	6521	4381	201	3.0	1.49
2017年6月	6720	6530	4377	190	2.8	1.51
2017年7月	6731	6541	4371	191	2.8	1.52
2017年8月	6742	6555	4360	186	2.8	1.52
2017年9月	6734	6546	4368	188	2.8	1.52
2017年10月	6732	6544	4368	186	2.8	1.55
2017年11月	6740	6555	4360	184	2.7	1.56
2017年12月	6738	6553	4359	183	2.7	1.59
2018年1月	6754	6595	4341	160	2.4	1.59
2018年2月	6814	6646	4284	169	2.5	1.58
2018年3月	6867	6694	4229	173	2.5	1.59
2018年4月	6862	6693	4235	172	2.5	1.59
2018年5月	6821	6673	4270	151	2.2	1.60
2018年6月	6799	6632	4300	166	2.4	1.62
2018年7月	6807	6636	4283	172	2.5	1.63

総務省統計局「労働力調査」、厚生労働省「一般職業紹介状況」より

このように1カ月単位の短期で見れば、完全失業率が悪化したという表現もできるが、これは誤差の範囲で悪化というほどのものではない。原数値（例えば夏季と冬季では商品の売れ筋に違いがあるが、こうした季節調整の補正や調整を行わない元の数値）で見ても長期的には就業者の増加、完全失業者の減少という傾向は継続しており、トータルの雇用情勢は着実に改善しているといえる。

完全失業率は季節調整済み統計だから、1カ月、2カ月だけを見ても分からない。だから、過去に見たことがない動きがあっても、それは注視するくらいに止めておけばいい。半年ぐらい経ってようやく分かるというレベルである。

これは株価が少し上がった理由を説明できないことと同じで、1カ月、2カ月だけの統計で何かと理由を付けようとするコメンテーターは嘘つきだと断言しよう。全く当てにならないのだが、こういうので騙されてしまう人も多い。

人手不足解消は女性の動き次第

「労働力人口」が減っているから女性も仕事に参画させようという、女性活躍社会（男女共同参画）の実現が謳われている。男性は一度社会に出て仕事を始めれば、転職や独立などがあるにせよ、少なくとも定年までは基本的にずっと働くだろう。

一方の女性は、結婚、妊娠、出産など働けなくなる事情が複数あるため、働いたり働かなかったりする動きが激しい。その動向は、主婦のパートやアルバイトにすごく表れる。日本や韓国は特にその傾向が強い。

ここで問題になるのが、就業率にも完全失業率にも、分母に非労働力人口が含まれないという点だ。

実は非労働力人口の半分以上は女性だ。17年平均の非労働力人口は４３８２万人で、女性は２８０３万人と６割以上を占めている。そのうち、就職を希望しながらも出産、育児、介護、看護を理由に未就職の女性は２６２万人だけ。９割以上の２４９０万人が就職非希望者なのだ。

女性は少し景気が良くなれば働くようになり、少し景気が悪くなると働かなくなるようになる傾向がある。その時点で非労働力人口になってしまう。仮に主婦がパートやアルバイトをしていたとして、景気が悪くなって辞めた時にハローワークへ行かなければ、そのまま専業主婦となる。そのため非労働力人口としてカウントされる。

一方で、少し景気が良くなるとパート募集が増え、予備軍の専業主婦たちがすぐにハローワークに行くから、労働力人口としてカウントされるようになるという関係がある。

ちなみに2017年は前年比で非労働力人口が50万人減少し、そのうち女性の就職非希望者が31万人減少しているため、少し景気が上向いたのだろうという推測ができる。

日本のビジネス社会は女性の出入りが激しいから、景気が良くなるほど労働力人口が増えて、かつ就業者数が増えるというのがパターンだ。これは社会の仕組みというと大げさだが、慣行のような話だから、少し景気が良くなって人手不足になれば、改善されてくる。

その一方で、労働力人口にもカウントされないような、ずっと専業主婦でいいという女性が出てくるから人手不足が加速する。巷で言われている人手不足の真相は、実はただの男女の動きの違いだけの話なのだ。

国と企業で役割を明確に区別すべき

民主党政権と安倍政権では、失業率の低下の原因や背景が決定的に異なる。それは、失業率の変化要因を労働力人口と就業者数に分けて分析すればすぐに解明できる。

アベノミクスのスタート時点では、異次元緩和で完全失業率が低下した点について、「民主党時代にも低下しており、安倍政権はその延長線で下がったに過ぎない」という反論が盛んにされていた。たしかに比較してみると、民主党政権と安倍政権ではトレンドに差がないように見える。

だが、労働力人口と就業者数に分けると、同じ完全失業率低下でも中身はかなり違う。民主党政権では、労働力人口も就業者数も減少した。就業者数よりも労働力人口の減少の方が大きく、それで完全失業率が低下していたのだ。景気拡大の兆候が見えず、就業者数が減るだけではなく、働きたくても働けないと見切りをつけた労働力人口が非労働力人口化した――それが民主党政権の雇用政策の末路である。

一方で安倍政権では、就業者数が劇的に反転し増えた。これは景気が拡大し、企業が雇用を増やしてきたからだ。その結果、非労働力人口が労働力人口に転じ、ものすごいスピードで就業者数が増加し、完全失業率が下がっていったのだ。

両政権を比べれば、マクロ経済政策としては、安倍政権の方が明らかに正しい政策なのが分かる。

ただし、完全失業率が下がっている＝正社員が増えたという話ではない。非正規雇用も

民主党政権下と安倍政権下における失業率の推移

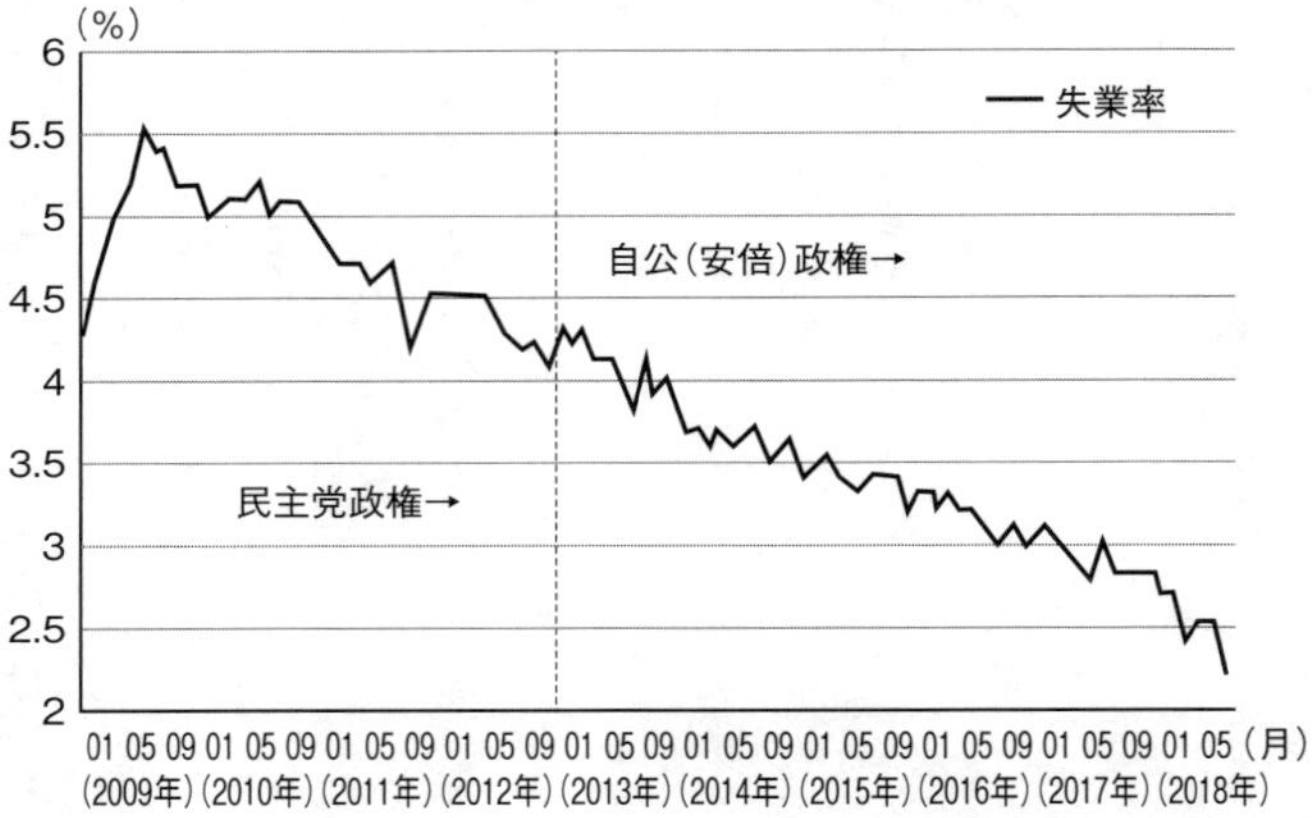

総務省「労働力調査」より

民主党政権下と安倍政権下における就業者数と労働力人口の推移

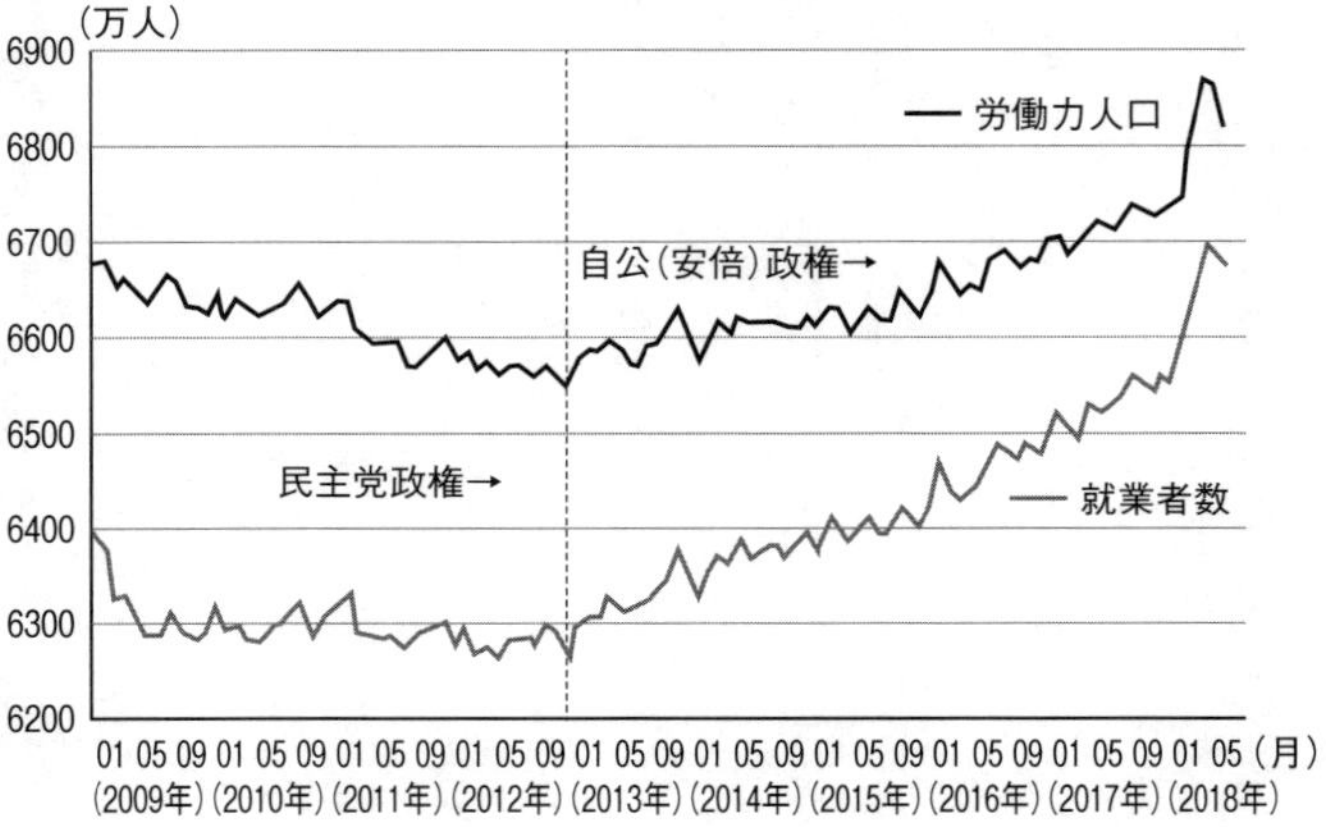

総務省「労働力調査」より

増えているし、求人があっても自分が就きたい仕事が見つからずに正規雇用に踏み切れないというミスマッチも当然あるだろう。それは筆者も重々承知している。

しかし、会社がどのような応募条件を出すかは自由だ。「おちょくり求人」といって、悪条件の求人をあえて出して「本当に応募してくる人がいればラッキー」くらいにしか考えていない求人も中にはある。これを国がいちいち介入して禁止するわけにもいかない。求職者側にも「おちょくり応募」している人はいるだろう。

雇う方はできるだけ安く雇いたい、雇われる方はできるだけ高く雇われたい。どちらもブラフをかけている部分もあるのだから、外部からは善悪の判断が難しい。

不本意に非正規雇用を余儀なくされるケースばかりを問題視する人もいるが、正社員は息苦しいから非正規社員の方がいい、時間に縛られるのが嫌だからフリーランスがいいと考えている人も、実際にはかなり多いはずだ。そんな内心は本人にしか分からないし、国レベルでそこまで複雑なチェックをするのは実務的に不可能だ。

むしろ、国はマクロ部分にだけ責任を持ち、そういうミクロ部分は企業に一任すべきだろう。求人内容については、国が介入するよりマーケットに任せた方がフェアなのだ。これまで官僚が就職まで取り仕切ってきた社会主義の国家は、ことごとく失敗している。

国の責務は、あくまで金融緩和で完全失業率を下げて、市場全体のパイを大きくすることだ。有効求人倍率はバブル期以来の高さを推移している。その裏でミスマッチがどうしても出るから、国としては1倍に近づけようとしている。そうすれば、自然とおちょくり求人もおちょくり応募もなくなっていくだろう。

就職率アップは金融政策のおかげ

完全失業率が下がれば、新卒学生の就職に鮮明な変化が現れる。最近、就職はずいぶん楽になってきた。これが、アベノミクス前後で劇的に変わったのは誰も否定できない。民主党政権時代は就職内定率60～70％が普通で、学生は職もなかったから、アルバイトでもなんでも、どこかの職場へ必死に潜り込んでいた。何とかしていったん社会に出ても、転職が容易ではなかった。

今は転職も簡単にできるから、自分の肌に合わなければ、そこでできる限りスキルアップをして、会社を変えたり独立したりすればいい。ミスマッチに関しては、そもそも国の政策でどうこうできるテーマではない。

その点で言えば、筆者のような大学関係者にとって喜ばしいニュースがあった。２０１８年春の大卒就職率が98％と３年連続最高を更新したことだ。一流大学は常に就職率はいいが、それ以外の大学は雇用状況の影響をもろに受ける。もちろん筆者が勤めている大学もだ。

偏差値が中堅以下の大学の学生は、５～６年前の就職はかなり厳しかったが、今はほぼ１００％就職できる。これは劇的な変化で、少し前なら全く想像できなかった。我が大学の教員は「学生指導が良かったから」という理屈を付けているが、決してそうではない。教師の筆者がそう言うのも変だが、４年前と比べても学力の向上は全く見受けられない。アベノミクスで失業率が下がった恩恵を新卒学生が受けただけなのだ。

当たり前のことを繰り返し言うが、景気が悪ければ就職はできない。これは大学側の営業努力だけでどうにかなる問題ではない。国レベルで完全失業率を改善しない限り、問題は解決しないのだ。

その点では学生の方が冷静だ。簡単に就職できるのは自分の実力ではないと理解しているから、実は安倍政権への支持率が高いのだ。学生は、大学に行って何を目指すかといえば、就職できるかどうかというのが、いの一番にくるだろう。社会人として人生をスタートさせるに当たって、今の就職活動の仕組みでは新卒で決まらないと後が大変だからだ。

一般的にマイナーな大学の教員の方が、完全失業率には敏感だ。逆に一流大学の教員は学生の雇用には全く関心を示さない。中には「就職できないのは根性が足りないから」などと、昭和時代の戯れ言を平気で言い放つ教員もいるほどだ。だから一流大学の教員ほど、金融政策と雇用に大きな関係があるという、世界の一般常識を理解していない人が多い。マイナーな大学の教員ほど、金融政策について比較的まともな発言をしているのが現実だ。

もっとも、こうした状況が訪れるのは、アベノミクス以降は想定内だった。

マクロ経済政策では、1に雇用の確保、2に給与アップを達成することが重要だ。実は企業が人を雇えば雇うほど人手不足の状況になり、労働市場で人材の価値が上がっていくため、給料は自ずと上がっていく。その意味でも、一番に目指すべきは雇用の増加になる。その点で安倍政権の雇用実績は、バブル崩壊以降では最も良好だと言っていいだろう。

大学では、個別企業の就職担当者を招き、「学生の就職をよろしくお願いします」といった就職関係の話をすることもある。あらかじめ断っておくが、企業側で個別の学生の面倒をみてほしいという意味では決してない。

民主党政権時代には、大学は企業にひたすらお願いする立場だった。その時も、筆者は企業に何か話をするように頼まれており、翌年の大卒者の就職率予想を話題にしていた。翌年の就職率予想はそれほど難しくない。就職率と前年の完全失業率には強い相関があり、完全失業率から予想できるからだ。

そのため、アベノミクスでの金融緩和の見通しから、そのうち就職率が高まって就職市場は売り手市場になるだろうと、６年前から予想していた。金融緩和で実質金利を下げ、株高、円安を生じさせる。それとともに、実際にモノやサービスの取り引きで対価を得る経済的な活動（実物経済）を押し上げて、有効需要を増加させれば雇用が伸びる。

この至って単純な仕組みを理解できずに、いまだに「雇用が伸びているのは人口減少のため」などと騒ぎ立てる一部野党やマスコミがいる。

あえて言うが、非常に馬鹿馬鹿しい。人口減少はここ20年くらいずっと続いているにもかかわらず、金融緩和を実施した安倍政権と小泉政権以外の時は、就業者数が増加していないという事実を知るべきだ。

誤解が蔓延する高プロ

雇用改善を背景に、働き方改革が行われている。

当初、政府は高度プロフェッショナル制度（高プロ）創設と裁量労働拡大を目指す法案を用意していた。ところが、裁量労働については調査データに不備があったので、裁量労働拡大については取り下げている。そこで争点となったのは高プロだ。これは、高収入の専門職に限り、労働時間規制の対象から外すというもの。一部野党とマスコミはこれを「残業代ゼロ、過労死法案」と批判している。

そこで、その批判が正しいのかどうか、法案自体を読みこんで検証してみよう。

この制度の導入には、企業の労使委員会の5分の4以上の多数の決議と、対象労働者の同意が必要だ。対象業務は高度専門知識を必要とするもので、平均給与額を3倍程度上回る給与水準の人が対象者となる。一方で、使用者（企業）の義務は健康管理措置などだ。仮に対象労働者が同意しなかったとしても、使用者は当該労働者に不利益な扱いをしてはいけない。こうしたことが書かれている。

平均給与額の3倍の額とは、国税庁の「平成28年分民間給与実態統計調査」によれば、

１０７５万円となる。この額の給与を得ているのは、全給与所得者の４％程度だ。もし対象になりたくなければ同意さえしなければいい。その場合でも、不利益はない。形式的には法改正をすれば基準が変わるかもしれないが、あくまで現時点で議論しなければ政策論争はできない。だから、野党やマスコミの一部の「将来、法改正すれば変わり得る」という批判は全く意味が分からない。

あたかもすべての労働者にこの制度が適用されるかのような、論点ずらしの報道ばかりが目立つ。「残業代ゼロ」「過労死」を盾に、労働基準法の対象外になると恐いことだらけになると煽るマスコミのせいで、この法案について正しく認識できていない人も多いのではないだろうか。

世界に目を転じても、高プロは当たり前の制度だ。欧米における労働規制の適用除外対象者の割合は、アメリカで２割、フランスで１割、ドイツで２％程度といわれている。むしろ日本は導入が遅過ぎたくらいだ。

言ってみれば、高プロは「出入り自由」だから、労働者の選択肢を増やすという意味では現状より悪くはならない。一部野党の硬直的な姿勢は、労働者のためにもなっていないと言わざるを得ないのだ。

結局、今回の法案は、ホワイトカラーの労働者に対して支払う賃金を労働時間ではなく仕事の成果で評価する「ホワイトカラーエグゼンプション（ＷＣＥ）」＋「裁量労働」（仕事のやり方や時間配分を一部労働者の裁量に任せる勤務スタイル）の仕組みを取り決めただけの内容で激変はなかった。ＷＣＥはせいぜい４％程度が対象で、裁量労働の対象者も２％程度である。

厚労省が言うのは、提案型営業と管理職的な仕事だけ。前者は会社に出勤しないことも可能な直行直帰型で、後者は準管理だ。ともに違反すれば労働基準監督署（労基署）送りになる。近年、社員を過労死させてしまった電通やＮＨＫに批判が集まったため、今後、企業は労働に関わるコンプライアンスを重視し、労働者側も権利を主張しやすい土壌ができたと言える。

そもそも裁量労働でぐだぐだ言う人は、本人がどのような雇用状況なのかろくに認識せず、何となく残業代が少ないと感じているだけのようだ。まず雇用状況をしっかり確認すること。確認できない場合は、違法契約のおそれもある。その時は労基署へ駆け込もう。裁量労働でないのに残業代が少ない場合も労基署へ行けばいい。

副業解禁の本当の意味

働き方改革では、法案以外でも面白い試みがある。「働き方改革実行計画」（2017年3月28日働き方改革実現会議決定）の中で、副業・兼業の普及促進が盛り込まれたのだ。

これまで企業の8割以上で副業が禁止されていた。その根拠が、厚労省が策定した「モデル就業規則」だ。

これは、あくまでモデルなので企業への拘束力はなかったのだが、企業の就業慣行の形成に一役買ってきたとされている。なぜなら、常時10人以上の従業員を使用する使用者は、労働基準法により就業規則を作成し、所轄の労基署長に届け出なければならない。その際に参考となるのが、このモデルだからだ。

モデル就業規則では、「許可なく他の会社等の業務に従事しないこと」が遵守事項として定められている。これに違反すれば懲戒事由に当たるとされてきた。多くの企業がこれをモデルにしてきた結果、副業禁止の流れになったのが実情だ。

ところが新しいモデルでは、遵守事項が削除されて「副業・兼業」が新たに書き加えられた。これまでの副業・兼業の原則禁止から、届け出により副業が原則自由となる。その上で、労働者の副業・兼業について各企業の制限が許される場合について、裁判例などを参考にしながら限定的に定めている。

こうした政府の方針転換の背景には、金融緩和による人手不足という現状がある。副業・兼業禁止で企業に縛り付ける働かせ方では、人手不足は解消しないという判断だ。人手不足は仕事を欲する労働者にとっては朗報だが、企業にとっては賃金上昇の要因で好ましくない。企業に副業・兼業禁止があると、労働者にとって、労働供給したくてもできない状態になる。

そこで一定の副業・兼業の余地があれば、別の企業にとっては無理のないかたちで労働力の確保が可能となり、より望ましい経済環境になるのだ。

もし残業自体にはほとんど意味がなく、しかも支払われる残業代が十分でない場合、副業・兼業が認められれば自社に縛られずに働けることになる。これは就業規則に書いてあるので、副業・兼業規定がどうなっているのか分からない人は、人事部に問い合わせるか、労働基準監督署に聞いてみてほしい。

こうした自発的な時間労働であれば、ブラックな労働環境も自然となくなっていくだろう。なぜなら、賃金カットと長時間労働で儲けていることがブラック企業のブラックたるゆえんだが、人手不足で全体的に賃金が上がれば、そんなブラック企業にしがみつく必然性がなくなるからだ。また、全体的に所得が増えるという、大きな経済効果も期待できる。

何より、労働者が他社の労働環境を知ることになり、企業にとっても自社の良いところを打ち出さなければ、従業員を引き留めておくことが不可能になってくる。

人手不足と人件費増加が原因で潰れるような企業は、そもそも経営者に徳がなく、企業努力が足りていないだけだ。人手不足になれば、ブラック企業は自然淘汰される。

これはいい意味で、従来の日本型企業に大きな刺激を与えるだろう。高プロでの「出入り自由」と相まって、日本型雇用環境を労働者の方から捨て去る、いいきっかけになるかもしれない。いずれにせよ雇用環境が大きく変わろうとしているのだ。

今や日本の終身雇用制度は崩壊しつつある。もともと終身雇用は、企業側に有利だと考えて作った仕組みだ。賃金の保証をえさに先に優秀な人材を囲い込んでしまおうというのが、おおもとの趣旨だ。雇用される方にとっても収入が安定するから、Ｗｉｎ－Ｗｉｎの関係だった。

しかし、マクロで経済成長が保証されていた時代は終焉した。終身雇用には、不良人材をずっと抱えなければならないというリスクもある。右肩上がりの時は多少目をつむれたが、こんな時代になれば、会社の求めるものにそぐわない人材は早々に転職してもらうに限る。

逆に、優秀な人材にはどんどん来てもらいたい。筆者は政策工房という政策コンサルティング会社を経営しているが、プロジェクトに応じて仕事を外部に依頼している。彼らは学歴が高く、博士号を持っているような人たちだ。普段は別々の場所で研究をしており、面白いプロジェクトがあるなら、参加したいといった程度の関係で集まる。

彼らに定額の固定給を支払い続ける必要はないし、お互いに望んでいないプロジェクトを一緒にする必要もない。そういう会社なので、終身雇用は難しいし、人件費が少ないので経営的にも楽だ。それで実際、会社もうまく回っている。

日本の雇用状況は、現状を見る限り改善している。政府の働き方改革は、労働者に不利益をもたらすものではない。むしろ人手不足を解消するものだ。そんな中、政府はＡＩに関連する予算を倍増させるなど、技術革新も推し進めている。

ＡＩ化が雇用環境にもたらすもの

ＡＩが自分の仕事を奪うのではないかという心配の声もある。だが、世の中のＡＩ論はとにかくまやかしが多い。ましてやシンギュラリティ（技術的特異点）という用語もどうも怪しい。しばしばこの用語は、人工知能が発達して人間の知性を超え、人々の生活に大きな変化が起こるといったニュアンスで使われ、無知な人を外来語で丸め込もうとするような意図さえ感じる。

そもそもＡＩを「人工知能」と訳すること自体が、世間に誤解を与えている。ＡＩに「知能」はない。単なるプログラムだ。すべてはプログラム化できるかで決まる。「人間に危害を加えろ」という悪意のあるプログラムを書くことはできるが、それはすべて人間の意図によるものだ。

あるいはプログラムにプログラムを書かせるという進化型プログラムや、はたまた人間が自然に行うタスクをコンピュータに学習させるディープラーニングのようなものもあるではないか、と指摘する人もいるだろう。

しかし、それだって最初にプログラミングするのはあくまで人間だ。将来的に、ＡＩが仕事を奪っていくのではないかという議論もなされているが、ＡＩはプログラムなので、反復可能な職種などの代用にはなるものの、完璧に人間と代替することは不可能だ。

ＡＩが人間を超えることは当面ない。そのため、誰にも解けない数学の証明問題を解くといった作業は無理だ。しかし、特定の業職がＡＩに置き換わる可能性は大いにある。むしろ、そちらを心配した方が良いだろう。

公認会計士、弁護士、行政書士などといった職業は、たしかに資格を取るための試験が難しい。しかし、一度資格を取ってしまえば後は定型作業だから、ＡＩが取って代わることができる。裁判官も同様だ。これらの業種は参入障壁を高くして存在価値を高めてきたが、その障壁が技術進歩で崩れようとしている分野である。

その点では、銀行の融資業務も財務諸表や担保分析だけだからＡＩ化できる。森友・加計問題で問題視された公務員の許認可も、ＡＩなら順番通りに手続きするため、国民に変な疑念を抱かせないで済む。実は日銀の仕事もＡＩ化が可能だ。「失業率とインフレ率の関係を一番いい状態にする」だけで、これもフィリップス曲線を使えばほぼＡＩで計算できる。インフレ率２％にするために、完全雇用に近くなる金融緩和と財政支出の計算は、機械にやらせた方が間違いは起こらない。

出版業も大きく変わるだろう。ＡＩでテキストマイニング（膨大なテキストデータから必要な情報だけを抜き出すこと）して、それなりの原稿を出力させてから本を作ればいい。

読者個別の本もオンデマンドで作れる。

そういう意味では、役所の文章作成も前例がたくさんあるから簡単だ。国会の想定問答の95％は、実は過去の似たような事例を探してコピペし、5％くらいを新しい文章で飾れば終わりだ。そんな想定問答を作るのが大変だと言う官僚もいるが、そういう輩はいずれはＡＩに仕事を奪われることだろう。

自動運転に関しても、着々と実証実験が進んでいる。筆者がタクシーに乗った時、道を全く知らないから後ろからスマホの地図で指示を送っていた。自動運転化が進めば、スマホに情報をいれて自動運転させれば目的地に勝手に着く。だから、タクシードライバーという職業は真っ先に消えてもおかしくない。

さらに自動運転が普及すれば、車を1台買ってカーシェアリングのビジネスができるかもしれないと筆者は考えている。マイカーの稼働率は2％くらいで、98％は駐車場に置いてある。アメリカのウーバー・テクノロジーズは、ここに目を付けて急成長した。

芸術分野もＡＩでかなりできる。人間の目をごまかせる絵を描いたり、データを覚えさせてレベルの高い曲などを作るのはお手のものだ。

ＡＩで人間の五感を騙すのも簡単だ。ラブドールが人間と変わらない機能を持つようにもなる可能性はあるから、風俗嬢は失業するかもしれない。

事実、かつての「一人っ子政策」の影響で、男女人口比の歪みが顕著になっている中国では、3000万人以上の男性がパートナーを得られていないという。そんな中、ラブドールをはじめとするアダルトグッズ市場が成長の一途をたどっている。中国メディア「百家号」(2018年2月3日付)によると、大連市にあるラブドールの製作販売会社「EXDOLL」が、AIを搭載した超高品質なスマートラブドールを開発、量産を開始したとして話題になっているらしい。

最先端技術を搭載した高性能ラブドールには、AIが搭載されており、会話が可能となったばかりではなく、Wi-Fi対応の家電と接続することにより家事までこなすというのだ。

複数の言語が操れれば世界は広がる

このように、AIは単なるプログラムだから、一部の仕事に関して置き替わるとはいえ、人間を超えることはない。だから、世の中すべてがAI化されるというのは、まさしく専門性がない人の意見だ。

ＡＩみたいなものに不要な恐怖を抱かないためにも、むしろ我々人間がきちんとプログラミングをできた方がいい。数学も英語も言語だし、プログラムもリテラシーであり言語だ。過剰な恐怖を抱く人は、そういった言語も苦手なのだろう。

大げさにＡＩ、ＡＩといってもその仕組みは簡単だ。

自動運転を例にとると、自動車のハンドルを切ったら左右に曲がる、アクセルを踏んだらスピードが上がって前に進む。そういう1つひとつの動作を、自動プログラムでシステムコントロールしているだけなのだ。

日本では、２０２０年度から小学校でプログラミング教育が必修化される。その波に乗ろうと、大手学習塾などが相次いでプログラミング教育市場に参入している。ＧＭＯメディアと船井総合研究所の共同市場調査によれば、２０１８年の市場規模は90億７１００万円が見込まれ、２０２３年には２２６億４０００万円まで伸びると予測されている。

これは喜ばしい傾向ではあるが、今やこの分野では世界が圧倒的に進んでいるから、遅きに失した感がある。

言語好きにとっては、プログラムはたくさん言語があるから楽しいし、筆者は若い時にかなり覚えた。文法が結構似ているものもあるから、1つをしっかり覚えると次から次に新たな言語ができてくるようになる。これは話し言葉でも同じで、英語ができるようになればフランス語も簡単だから分かるようになる。

だから、何でもいいから最低1つは日本語以外の言語をマスターした方がいい。英語もできないような、日本語だけのモノリンガルでは話にならない。また言語という響きから、日本人はとかく語学的な、何カ国語が話せるみたいな発想でしかものを語れない人も多いが、数学やプログラミング、会計なども立派な1つの言語なのだ。プログラミングだけでもC言語やらベーシックやら山ほどある。

それらの言語がいくつか自在に操れると、様々な分野に対して視野がもっと広くなる。言語の幅が大きいということは、自分の世界がものすごく広くなるのだ。筆者もそういう意味での言語は何個も使えるから、その感覚がよく分かるし、色々なことに役立っている。

人口減少で職を失うのは努力をしない人たち

ここまで見てきたように、人口減少時代に我々はどんなビジネスをすべきかなどという問題設定には意味がないことが分かっただろう。なぜなら、人口が減ったところでビジネスには全く関係ないからだ。自分のビジネスに関係あるのは、地域の人口が減少すると補助金が減ってしまう、地方公共団体の人たちくらいだ。

この世の中に、人口に応じて配分されるビジネスや、人口動態で儲かるようなビジネスはない。例えば、介護される高齢者が増えて、介護する若手が減る。だから介護ビジネスが儲かるというような一般論をいくら叫んだところで、東京と地方では感覚が全く違うし、ほとんど意味がない。住んでいるところによって違うから、そこは自分で感じ取れとしか言いようがない。

少子高齢化になるから介護需要が増える、だから介護事業を立ち上げようなどと浅薄な読みだと必ず失敗する。そういう浅はかな読みをしているような本は、むしろ読まない方がいい。

ビジネスというのは、もっとミクロの問題だ。その地域の、高齢者と介護士の数のギャップが極端に大きいといった状況なら分からなくもないが、そういうわけでもなく、マクロの話を持ち出した途端にすべてがまやかしになる。優秀な経営者やビジネスパーソンほど、決してマクロの話をビジネスに持ち込まない。持ち込むとしても、何かの会合のあいさつ程度でマクロ経済についてざっくり話すくらいだ。

何かビジネスをするに当たって、マクロ現象から考えるような浅薄な事業計画では、すでに誰かに先んじられているから手遅れだ。ビジネスを考えるなら、身の回り2メートルくらいのミクロで考えるべきだろう。

筆者も書籍や講演などではマクロ経済の話をよくするが、自分のビジネスとは全く関係ないし、むしろ使えない。それは、経済学者でもあり会社経営者でもある筆者自身がよく分かっている。ビジネスというのは、お客さんのニーズの半歩先をいくだけだ。

経済学部や商学部で経済理論、経営理論を机上で学んでも、大して役には立たない。ただ、経済や経営の基本的な理屈が分かるから、そこまで騙されないようにはなるかもしれない。今は、マクロ経済の話を商売の口上に使って、ちょろまかす商売をする連中が多過ぎるから、自己防衛策として学んでおくことは大事だ。

読者もそれぞれ自分の境遇に置き換えて考えてほしい。「人口が減ったら、あなたの仕事はどうなりますか?」――この問いには、きっと答えは出ないだろう。やはり人口減少危機論を騒いでいるのは、序章でも触れたように地方公共団体の人だけなのだ。

しかし、理屈から言えば、たとえ補助金が減っても、補助金をあげる先の住民も減っているから、実は大して影響はない。１００万円を１００人に配分していたとして、それが90万円に減ったところで、補助する相手も90人に減っていれば大した問題ではないのだ。

むしろ、補助金に頼ることなく、地方自治体が強くならなければならない。そのために重要なのが、地方分権の推進だ。だが、それを阻む壁もまだまだ存在している。第５章では、その正体を明らかにしていきたい。

第5章

税源で決まる地方分権

国民が税の使い方を選べる「ふるさと納税」

「人口減少」と「地方消滅」はよくワンセットで語られる。その典型例が、2014年の日本創成会議による発表だ。

元建設官僚で、2016年の東京都知事選にも出馬した増田寛也氏が座長を務めていた同会議では、少子化や人口流出で存続できないおそれがある自治体を「消滅可能性都市」と呼び、「2040年までに896の自治体が消滅するおそれがある」と予測した。

つまり地方消滅とは、正確に言えば「地方自治体の消滅」なのだ。

これまで再三指摘した通り、人口減少危機論を声高に説いているのは地方自治体の人間たちだ。なぜなら、自治体が消滅すれば、隣の自治体と合併することになり、役所のポストを1つ失うからだ。

中央（国）から地方（自治体）へのお金は、人口に応じて配分する。これを「地方交付税」という。人口に応じて地方自治体の財源が規定されるため、地方経済を停滞させないように人口減少を食い止めたいといった理屈を付けてくる。

しかし、ここまで見てきたように、人口が減っても地方自治体以外の人間は誰も困らない。だから、地方自治体の人間の本音は「職、ポスト、権限を失いたくない」に尽きる。

地方自治体が人口減少危機論に頼ることなく、中央から自立して強くなっていくためにも、さらに地方分権を推し進める必要がある。

それを考える上で象徴的な成功例が、２００７年の第１次安倍政権時に創設された「ふるさと納税制度」だ。

この制度は、住民の居住地にかかわらず、自分の故郷など応援したい自治体に寄付ができ、寄付金が所得税、住民税の控除の対象となる。事実上、税の使い方を国民が選べるという点が画期的だ。

これは、中央（官僚）が税を徴収し配分するのが公正だという、官僚の考え方とは真逆だ。そのため、制度創設の際に官僚は猛反対した。それを菅義偉総務大臣（当時）が政治的な豪腕で押し通したのだ。実は、筆者も制度創設を手伝っていた。

この制度のせいで、東京など都市部の税収が減っているからけしからんなどと、新たにネガティブキャンペーン用のパンフレットまで作って批判している自治体もある。だが、都市部の税収が減るのは当初の目論見通りだ。

だいたい、都市部には人口が集中し、税収は増えていたはずだろう。その税収を地方に再分配するのは、政治家や官僚のエゴがぶつかり合うから至難の業だ。また、税収が減ったのは、その自治体のサービスに魅力がないからに過ぎない。

ふるさと納税なら、国民が自らの意思で寄付し、それに応じて税額控除を受けられるから再分配がうまく進む。その方が、うまく自治体運営できる可能性が広がってくる。

最近では、自治体が寄付に対する返礼品を送るようになっており、そこに創意工夫が生まれている。

例えば、市区町村別のふるさと納税受け入れ額で全国1位の大阪府泉佐野市は、市内に本店、支店、営業所などを置く事業者の協力を得て返礼品を1000種近く用意。2016年度の約35億円から、2017年度は約135億円まで急伸し、2位以下を50億円以上も引き離した。

市や町の税務課があらゆることを考えてくれるおかげで、新たな企画が生まれてくる。お金が集まれば人も集まり、自治体内の業者の仕事も増える。また、ふるさと納税の特集を組んだ書籍にはすぐ広告が集まるなど、サイドビジネスも活況だ。

そんな状況に、総務省が冷や水を浴びせてきた。

2018年9月、野田聖子総務大臣は過度な返礼品が〝本来の主旨〟に反するということで、寄付金に対する自治体の返礼費用の割合が３割を超えたり、返礼品が地場産でなかったりする自治体への寄付を税優遇の対象から外す方針を発表した。

果たして、この方針は適切なのだろうか。

例えば、社会学には、アメリカの経済学者チャールズ・ティボーの「足による投票」という考え方がある。これは、住民に望ましい首長を選挙で選ぶ「手による投票」に対し、住民が好ましい行政サービスを提供してくれる自治体に移動して、自治体の財政収入が上がれば自治体が生き残っていくというものだ。

ふるさと納税なら、わざわざ住所移転しなくても財政収入を上げられるし、好きな自治体を応援できる。

この「足による投票」を推進する立場にたてば、寄付される自治体が手元のお金を持ち出してまで高額な返礼品をするわけではないから、返礼品に上限などの規制は不要だ。そうした規制を望むのは、中央（官僚）による配分が絶対に正しいと見るからだろう。

ふるさと納税の受け入れ額は２０１７年度で約３６５３億円。それに対し、個人の住民税の総額は約12兆円だから、実は約３％しか影響がない。ほんの誤差に過ぎないのだ。何も住民税の根幹を覆すわけではない。

だから、ふるさと納税は、ちょっとしたお祭りくらいの感じで捉えればいい。むしろ、地方自治体間で税の争奪戦が行われる環境づくりの方が大事だ。競争の中から創意工夫が生まれるし、ひいては地方分権の強化にもつながるからだ。

それこそが、ふるさと納税制度の〝本来の主旨〟なのだが、野田大臣や総務官僚は主旨を完全にはき違えている。おそらく、自分たちが蚊帳の外に置かれ、地方だけが盛り上がっているのが気に食わないのだろう。ちなみに、マスコミも含めて、誰一人筆者に〝本来の主旨〟を聞いてきた者はいない。返礼品への規制は、その程度のくだらない話なのだ。

日本では居住の選択権がある

そもそも日本では、「居住移転の自由」が日本国憲法で保障されている。だから、どこに住もうが、お上からとやかく言われる筋合いはない。田舎の環境が好きな人はたくさんいるだろうが、一方で不便さもある。そう感じれば、自ずと都会に移住するだろう。

筆者は、3代前から東京に土着している根っからの東京人だ。そういう人間からすれば、東京に人が集まってくるのは迷惑でしかない。昔は道路も空いていたし、不動産価格も安かった。今は渋滞や満員電車が日常的だし、土地の値上がりで固定資産税が増えるなど、地元の人間は恩恵を感じない。かといって、地方に住みたいとは全く思わない。

住居移転の自由があるから、地方から東京に来るなとも言えない。ましてや、役人が「都市部を離れて地方に移住しよう」と口を挟むなんてもってのほかだ。

現代人にとって自然なのは、親から受け継ぐ土地と家がある故郷で暮らすことだろう。筆者も親から家を相続したから東京に住んでいるだけだ。

地方に故郷があれば、地方がいいと思っていたかもしれない。東京で土地や家を買うのは大変だからだ。とはいえ、歳を取ったら色々とガタがくるから、すぐそこに病院があるのは便利だ。そんな人間が、新たに地方へ行って生活するのは大変だろう。

仕事のことだけ考えるなら、生活するのはどこでもいいという人も増えてきた。今はテレワークという働き方もあるし、インターネット環境があれば、わざわざ出社しなくても仕事はできるからだ。

筆者はサラリーマン時代から、勝手にずっとフレックス勤務だった。朝は職場に行かないという、重役出勤だった。今も自分の会社には行っていない。どこでも仕事はできるし、メールでだいたいの仕事は終わる。下手に出社すると、職員に気を使わせて悪いのではないかとも思ってしまう。

話が少しそれたが、一見すれば恩恵がなさそうな東京一極集中にも、メリットとデメリットがある。

メリットとしては、人口集積によって人やモノの移動・輸送効率を高め、生産性向上やイノベーションにつながるといった様々な化学反応が起こることだ。

一方でデメリットとしては、不動産価格が上がって首都圏に住めず、郊外から通わざるを得なくなるため通勤距離が長くなる。また政治や金融面でも一極集中化すれば、自然災害時のリスクを抱えてしまうといったことだ。民間の金融機関にはバックアップ体制があるものの、政府には危機対応時の分散発想はあまりないのが実情だ。

東京一極集中の是非が即断できない以上、政策論として、一極集中の是正を絶対視するような政策は慎重を期した方がいい。都会でも地方でも、自由かつ気軽に居住地を選択できる制度を長期的に整えるのが、政策論としては望ましいのだ。

それを可能にする手段が、主に政治・行政において統治権を中央政府から地方政府に部分的あるいは全面的に移管する「地方分権」だ。

中央と地方の区分けは単なる役割の違い

経済学では「分権化定理」というものがあり、人口が一定以上の国には地方分権がかなり有効で、中央集権よりも色々と効率的になるのが分かっている。日本も当然、その範疇に入っている。

その観点から言えば、地方分権は中央政府の再々編と表裏一体の関係にある。それはなぜか。

そもそも「中央」「地方」というのは、行政のタイプで区別される。外交、国防、マクロ経済政策などは国家維持に絶対必要だから、中央政府の仕事になる。道路や橋といったインフラ整備などは複数自治体にまたがるため、都道府県単位（地方政府）の仕事になる。そして、ゴミ収集など市民の生活に密着した仕事は市町村単位（地方自治体）で行われる。

簡単に整理すれば、自分にとっての身近度に応じて中央と地方の役割が異なる。これは、どの国でも同じだ。府県制、市制、町村制などで中央政府、地方政府、地方自治体に分けた方がより効率的だから、そうなっているだけの話だ。

こうした中央と地方の区分けは、仕事の大小ではなく、単なる役割の違いだということ

中央・都道府県・市町村の行政の役割

行政種別		仕事内容
中央		外交、国防、マクロ経済政策など。地方自治法（法第1条の2第2項）によれば、国が重点的に担うべき役割は、国際社会における国家としての存立にかかわる事務、全国的に統一して定めることが望ましい事務などとされている
地方	都道府県	インフラ整備、教育・保育施設の認可など。地方自治法（法第2条第5項）では、市町村単位よりも広域にわたるもの、市町村に関する連絡調整に関するものなどと定められている
	市町村	ゴミ収集、教育・保育施設の設置運営など。地方自治法（法第2条第3項）によれば、地方公共団体の事務のうち都道府県が処理するものを除く事務、あるいは都道府県を補完する事務などとされている

愛知県庁「国・県・市町村の役割分担の現状」より

を認識しておく必要がある。

かつて、この3つの分類を再編して「道州制」にしようという動きがあった。これは文字通り、行政区画として道と州を置こうという地方行政制度だ。

道州が担う役割は、中央政府と地方自治体のちょうど中間に位置する。

もし道州制を実現する場合、その分け方には色々な案があるが、正直どれでも大差はない。東京から見れば、水道事業は関東圏が業務の範囲だから、例えば「関東州」と一括りした方がいい。「北海道」は1つで決まりだし、「九州州」「四国州」なども島単位だから分かりやすいだろう。

実はわざわざ道州制にせずとも、国の出

自民党道州制推進本部の区割り案

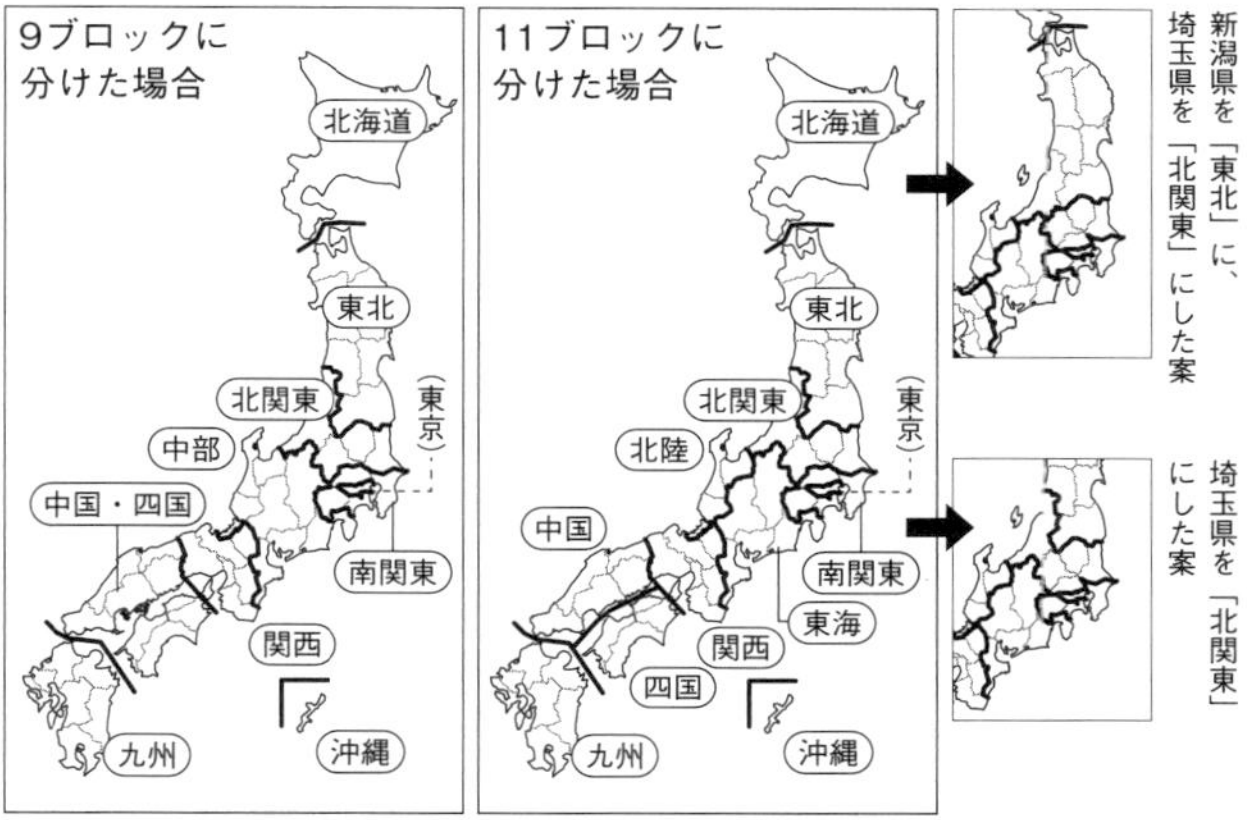

自由民主党「道州制に関する第３次中間報告」より

先機関にはすでに九州ブロック、中国ブロック、近畿ブロックといった区分けがあり、道州制はおおむねそれに対応している。例えば、国土交通省に属する九州地方整備局などがそれだ。

だから、仮に道州制になっても、国家公務員から州公務員に変わるだけで、配置や人員数はほとんど変わらない。

「自分は国家公務員だ」というプライドがある人にとっては、道州職員という響きは嫌かもしれない。しかし、その程度の話だ。州公務員になったところで、行政上は支障が全くない。

とはいえ、反対する人も多い。首長は間違いなく反対するだろう。例えば、九州

（沖縄県を含む）なら8県知事が1州知事に集約されるから、端的に言えば、中央官僚の天下り先がなくなるのが、その理由だ。県職員もリシャッフルされ、あるいはリストラされるかもしれないから、道州制は支持しないだろう。

また、どの都道府県にも県民意識というものがあって、隣県同士でいがみ合っているようなところもある。それらが1つの州になるとすれば、許容できないという人も出てくるかもしれない。どこにも「おらが県」は必ずある。さらに、保守系の人で中央集権によって国のステータスを高めてほしいと考えていれば、彼らも反対するだろう。

安倍首相も憲法改正が最優先だから、今は本気で道州制には動いていない。

地方分権は税源移譲がカギ

2011年の衆院選の際に、橋下徹元大阪市長は「消費税総選挙と言われているが、こんなのは対症療法。国のかたちを問う道州制選挙になる」と述べた。

これは「選挙の争点は消費税ではなく道州制だ」などといった単純な話ではない。

当時、橋下氏は野田佳彦政権が進めていた「消費税の社会保障目的税化」に対して道州制に反すると述べていた。なぜなら、消費税は応益税だから社会保障目的で使うべきものではなく、本来は地方の基礎的業務に使うべきものだからだ。

地方分権国家を目指すなら、そのカギは地方行政費用をどうまかなうかになる。「課税なくして代表なし」という、民主主義の根本原理がある。例えば、アメリカの政治学者レイプハルトの研究でも、国全体の税収のうち、地方がどの程度を占めているかが決定的に重要だとされている。税が政府のあり方にとって基本なのだ。

では、地方交付税や一括交付金のような資金使途にしばりのない、中央から地方への配分金をどう考えればいいのか。

地方分権の考え方として，住民に最も近いところで自治を執り行うのが最善だという原理がある。これを「近接性の原理（ニア・イズ・ベター）」という。

これが本格的に機能するためには、地方が税率決定など自主課税権を持つ税財源がなければいけない。そのため、地方交付税などは、地方分権の視点では地方財政収入から除くべきだろう。

中央と地方がどう行政を分担し、それに応じた地方税源がどのくらい必要なのかといったことが重要なのだ。

行政の効率的な役割

行政範囲	役割
国	外交、安全保障、金融政策、年金など
州	インフラ整備、地域産業政策、高等教育や雇用対策など
地方	教育、治安維持、社会福祉、ゴミ収集など

海外では「補完性原則」という仕組みがある。地方自治体でやれることはやって、そこでできないことを広域自治体や中央政府が担う。これを日本に適用しようとすれば、地方（市町村）、州、国（中央政府）という三層構造による道州制論が自ずと出てくる。

教育、治安維持、社会福祉などの基本的な住民サービスは、すべて地方自治体が行うが、一定以上の集積がなければ行政の効率が悪くなる。人口1・2億人の日本なら、最適な人口規模は約30万人くらいだ。つまり、現在1718ある自治体は、全国で約400あればいい計算になる。例えば、ゴミ焼却場ひとつとってみても、5万人、10万人くらいで1施設をわざわざ作るのは非効率なのだ。

一方で、道路、空港、治山、治水といったインフラ整備、地域産業政策、高等教育や雇用対策などは、人口1000万人以上の規模が最適になる。これらは補完性原則により、地方自治体単位ではなく、州単位で行った方が効率はいい。外交、安全保障、金融政策、保険である年金などは、できるだけカバー範囲を広くするため、国で行うのが合理的だ。

これが、地方分権が中央省庁の再々編と表裏一体の関係にあるといった理由だ。国交省、農水省、文科省、経産省などは、中央省庁でなく州政府機関にして、中央省庁は５～６機関にすればいい。つまり、本当の地方分権は霞が関の解体とも言えるのだ。

中央と地方、政治家と官僚の役割分担をどうするか。中央の政治家は、行政についての現場に任せてカネの問題に特化したほ方がいい。中央とか地方とか関係なしに、政治家は役人の仕事がうまくいかない時に決断するのが役目だ。災害時などは現場の細かい話にまで政府がしゃしゃりでる必要性はない。

地方に税源移譲すべき税目とは

道州制を考えるなら、地方（市町村）、州、国の役割分担を明確にするため、それに応じた適切な財源が必要だ。

しかし、現状の国税・地方税の体系では、地方が適切な財源を確保できない。個人所得、法人所得、消費のいずれの税も、中央と地方で分割しているからだ。これは、中央が地方の税率まで決める中央集権体制であるがためだ。

本来の意味での地方分権を進めるためには、何といっても「自主課税権」の確立が必要だ。

具体的には、役割分担を円滑に行うためにも、税目ごとに国税と地方税を分ける「税目別制度」方式を導入した方がいいと考えている。

国税とは、応能税、人税（所得税や相続税など）、累進課税に基づくもので構成されるべきである。一方の地方税とは、応益税、物税（固定資産税など）、比例課税に基づくもので構成されるべきである。

政策的には、個人所得や法人所得への課税は、地域差があって景気動向で左右されるため、本来は国税にするのがふさわしい。

逆に地方税の中心は、安定的な消費税や住民への均等割課税などにした方がいい。消費税は景気動向に左右されにくく安定収入が見込める税だから、地方税の基幹的税とするのが本来ふさわしいのだ。それを国の仕事である社会保障に使うなどとは愚の骨頂だ。

消費税は地方の基幹税として、州に税源移譲する。これが道州税になる。

一方で、所得税の累進課税部分や法人税の所得比例部分は国税とすることで、個人のみならず地域間を越えた中央の所得再分配機能が発揮できる。

以上の話は、道州制になった時を想定したが、別に道州制でなくても、消費税の地方税化（税源移譲）は、地方分権の根幹だという考えは共通している。

国や地方自治体が、個人、法人の資産や財産に対して課税する「資産税」についても、土地に根ざし地域性を持つ固定資産なら地方税にした方がいい。国税・地方税の合計１００兆円のうち、50兆円程度を地方へ税源移譲すれば、本来の意味での地方分権が達成されるのだ。

ちなみに年金は保険の仕組みをとっており、カバー範囲を広くする方が効率的だから国の行政となる。しかし、年金に消費税を充ててしまうと、消費税の地方移譲ができなくなってしまうため、本格的な地方分権の障害になる。

中央と地方の役割分担に応じて、権限が地方に移譲されると同時に、消費税を含む税源移譲が行われ、さらに人や組織も地方移管される。この「三ゲン」（権限のゲン、税源のゲン、人間のゲン）が地方に移されることで、本物の地方分権になる。

とはいえ、ここではシンプルに、「消費税の税源移譲なくして地方分権なし」ということだけを覚えておけばいい。

政治闘争でしかシステムは変えられない

地方創生についても、補助金目当てになってはいけない。しかし、昔から補助金目当ての人は山ほどいる。筆者は、竹中平蔵総務相（当時）の下で地方分権に取り組んだこともあったから、その辺の事情はよく知っている。

旧自治省（現総務省）は補助金を分配するのが仕事なので、毎年12月になると、地方から入れ替わり立ち替わり人がやってきて、陳情を山ほどもらう。

これらのことを処理するには、大変な労力を必要とする。ならば、地方にもっと権限を委譲してみてはどうか。

というのも、陳情に対する予算は中央が決めるが、実際には「箇所付け」といって道路や橋の整備などは地方の役人が差配している。だから、最初から仕事に応じて地方税で集めてしまえばいい。金と権限を地方に移譲すれば、陳情や分配といった無意味なことをせずに済むのだ。

だが、なかなかそれが進まないのは、分配が仕事の役所が、自分の仕事をみすみす失ってしまうことをおそれて反対するからだ。さらには、役人の中には、「裁量権を持ち、地方から手土産を持参されて頭を下げられるのが快感だ」という人も意外と多い。

しかし、国税で集めて補助金で配るかたちでは、自分の金ではないからコスト意識がなくなる。だから地方税でハコモノなどを造り、地域住民から「税金を無駄に使うな！」といったクレームが噴出してくるのだ。

50兆円規模を地方税にしてしまえば、自治体の首長はなぜそのハコモノが必要なのか、住民にきちんと説明しなければならなくなる。税源移譲は首長にとってはきついかもしれない、だが、行政上の無駄をなくすにはそうするしかない。

そもそも地方交付税などという制度は海外にはない。日本特有のものだ。いったんお金を吸い上げて再度分配するなんてどう考えても無駄が多いが、総務省が存在する限り、地方交付税はなくならない。当然、巨大な税権限を持つ財務省も反対するだろう。

消費税を地方税化するのは、消費に課税するから格差が少ないというメリットがある。

これが所得税や法人税になると、そうはいかない。例えば九州内で見ると、福岡県と鹿児島県ではすごく格差がある。なぜなら、本社が福岡だという会社の方が、単純に鹿児島本社よりも多いからだ。

地域間のばらつきがない安定財源として、消費税は地方税にした方がいいが、「国税として地方にあげている」というのが、総務省や財務省の本音だし、大きな利権につながっている。本来、消費税はそういう性格の税金ではない。本当は地方の人間たちが直接もらえるはずなのに、わざわざ中央にくださいと頭を下げに行くなどという、馬鹿馬鹿しい仕組みと慣習が残っているのだ。

これに反応した橋下徹氏は、やはり頭が良かった。実は彼だけが「地方交付税なんかいらないから、地方に消費税をくれ」と言った唯一の政治家だった。消費税は税収入額の20%くらいしか地方に流れていない。80%は中央に入るのだ。橋下氏の主張は、地方で消費税を徴収するから、その税率は自治体の首長が決める方がいいというものだった。

これまでは中央に便乗して消費税をもらうだけだった地方が、その税率を自治体で決めることになれば、場合によっては選挙で不利になるかもしれない。それでも、橋下氏は公約に掲げていた。

税源移譲は、国会で多数派をとって法律を変えなければ実現しない。残念ながら、筆者にはそこまでする力はない。誰かパワーのある政治家にしてもらう必要があるが、強固なシステムの中で利益を得ている人たちも大勢いる。結局は殺すか殺されるかの政治闘争でしか、このシステムは変えられないというのが現実だ。

そんなシステムの中でも、納税者がお上に一任するのではなく、自らの裁量で配分できるようにするために「ふるさと納税」という制度を作った。補助金だと国の裁量が大きくなって官僚の権力が増すから、そうした官僚主導の制度を中抜きした方がいいというのが筆者の考えだった。

岩盤規制を崩すための国家戦略特区

税源とは別に、中央集権の源泉である「岩盤規制」というものがある。省庁や業界団体などがそろって改革に強く反対することで、緩和や撤廃が容易にできない規制のことだ。

例えば文部科学省は、52年間も獣医学部の新設を止めていた。背後には、獣医学会など業界団体の意向もあった。これは典型的な岩盤規制だ。

筆者としては、地方大学や新学部の設置認可をもっと緩和し、自由化した方が地方は活性化すると考えている。需要がないと断言された、あの加計学園も実際には受験者が殺到したではないか。

この岩盤規制を壊して、官邸主導の政治をするのが安倍首相の目的だ。その副産物として、地方活性化にもつながる「国家戦略特区」を作った。2018年6月14日現在、全国で296事業が認定されている。

「モリカケ」の呼称で話題となった森友学園問題と加計学園問題の余波で、国家戦略特区は非難を浴びたが、ここで大事なことは、特区制度は昔からあるということだ。別に安倍政権が初めて創設したものでも何でもない。もし国家戦略特区そのものに問題があるのだとすれば、296事業すべてを検証した上で、その是非を判断する必要がある。

大学の学部創設は、文科省の認可が当たり前だと思っている人が多い。しかし、加計問題では、認可しないどころかそれ以前に「申請をするな」という、とんでもない規制をかけていたのだ。

例えば、運転免許で考えれば、国が運転手にふさわしいかどうか審査するのは分かる。だが、免許申請すらしてはいけないと言われれば、誰もが「差別だ」と文句を言うだろう。加計学園も、まさにそんな仕打ちを受けていたのだ。だから、規制を緩和してほしい、特区で申請だけでも認めてくださいと訴えていただけだ。

これは行政不服審査を請求すれば、文科省は１００％負ける案件だ。この件では文科省がきちんと審査して認可しているのだから、何の問題もない。ましてや、安倍首相への忖度だけでどうこうできる問題でもない。それが、どうしてマスコミ連中は分からないのだろうか。

パチンコも依存症対策の対象に

カジノが地方活性化につながるのか。そんな疑問を抱く人もいるかもしれないが、結論から言えば、カジノだけでは地方活性化につながらない。

昨今、議論されているカジノ法案は、正確にはＩＲ法案という。ＩＲとは「Integrated Resort」の略で、統合型リゾートと訳される。

例えばシンガポールのＩＲ施設では、カジノは敷地の３％ほどしかない。その他はリゾート施設、ゴルフ場、アミューズメントパークなどがあり、そちらで働く人の方が多く、雇用の中心になる。

ギャンブルという観点で見ると、世間ではギャンブル依存になるのではないかなどと懸念の声もある。しかし、筆者の立場はむしろ逆で、今の日本のギャンブルのゆがみを多少是正できるかもしれないという期待を抱いている。そのゆがみの最たるものが、パチンコだ。

パチンコは、日本の法律ではギャンブルには入らない。三店方式といって、その場で換金をせず、景品所で玉数を精算して、建物の外にある換金所で換金する。だから競馬や競艇のようなギャンブルではないというおかしな理屈になっている。

テレビで発言する際に「パチンコはギャンブルだ」などと言おうものなら、即座に関係者からクレームが入る。だから、筆者もテレビで話す時には「ギャンブルもどき」とか「外国人の目から見たらギャンブル」とか、接尾語や形容詞をあれこれ付けて言葉を濁さざるを得ない。

だが、パチンコを「ギャンブルではない」と本気で思っている人はほとんどいないだろう。1円パチンコの登場でギャンブル性が多少薄まったとはいえ、今でも日銭を稼ぎたいと思っている人が少なからずいるはずだ。

筆者も外国人の知人に説明する時、非常に困る。彼らにしてみれば、街中にギャンブル

（のような）施設がなぜあるのか理解できないからだ。海外ではギャンブル施設は郊外に隔離する。例えばアメリカなら、最大ＩＲ施設のラスベガスは砂漠の真ん中にあるし、東海岸最大のＩＲ都市であるアトランティックシティも海岸の方のド田舎にあり、街の中にカジノはない。近くの住民は、わざわざ週末に気合いを入れて車で3時間ほどかけて行く。カジノに近づくと興奮が最高潮に達し、負けたらおとなしく帰って平穏な生活に戻る。それがアメリカのカジノの姿だ。

日本は、パチンコのせいでギャンブル依存症になる人がすごく多い。

厚労省は２０１７年９月、成人１万人を対象にギャンブル依存症の実態を把握する面談調査を実施した。その中間結果では、生涯で依存症が疑われる状態になったことのある人は３・６％と推計（有効回答数４６８５人）された。これを国勢調査のデータに当てはめると、約３２０万人に上る。

男性の方に依存症が疑われた人が多く、最もお金を使ったのはパチンコ・パチスロが最多の２・９％だった。また、直近1年で依存症の疑いがある人は０・８％。これを20～74歳の全人口に当てはめると約70万人だ。ちなみに諸外国と比較しても、日本の依存症疑いの割合の高さが目立つ。

2018年7月、ギャンブル等依存症対策基本法が参議院本会議で成立した。「ギャンブル等」の「等」には、パチンコも含まれる。だから、パチンコ業者も事実上、依存症対策が義務化されたのだ。

もしIRが実現すれば、カジノ業者はカジノ税を売り上げの30%、国に払うことになるだろう。そうなると当然、パチンコ税がないのは不公平だという声が巻き起こり、パチンコ税が導入されるタイミングが訪れる。パチンコは法人税の脱税が多い業種として政府内でも有名だったから、そこで化けの皮がはがれてくるだろう。どうも、旧民主党勢力はそれを嫌がっているようだが、それは票田となる支持母体のせいだろう。

いずれにしても、数学をきちんと勉強している人間にとっては、ギャンブルは手を出せない代物だ。少し前にテレビ番組で、カジノで100億円以上の損失を出したという、元大王製紙の井川意高さんとご一緒する機会があった。番組の中でバカラを体験したが、その時に井川さんから「髙橋さんはギャンブル中毒にはならないでしょう」と言われた。

なぜなら、筆者は確率計算をして最もリターンが高くなる手順を踏んでいたからだ。こういう人間は、どうやらギャンブル依存症にはならないらしい。井川さんの話では、確率計算できず、瞬間的な勝ち負けでアドレナリンが出て、一喜一憂する人が依存症になりやすいそうだ。

筆者には、親が勝つのがすぐ分かる。むしろ自分が親をしたいくらいだ。期待値を計算すると、子は97％の確率で負ける。自分にはギャンブルの才能があるなどと言っている人は、ただの負ける才能だと思う。

だから、大人になっても数学をしっかり勉強させることが、ギャンブル依存症対策になる。そういう意味では、確率の計算すらできない人は手を出すべきではない。しかもパチンコになると、コンピュータの出玉調整で確率操作できるから、絶対に勝つことはできない。

この項で見てきたように、カジノ法案は、雇用を生み出すこと以外では地方活性化には寄与せず、地方分権化や道州制の導入も困難な状況だ。

その背景には、様々な勢力の思惑がある。道州制の導入によって今のポストを失うことになる国家公務員や県議会議員、強大な権力の源泉である消費税を地方に税源移譲したくない総務省や財務省官僚、地方へのリップサービスで道州制をちらつかせつつも本音では乗り気ではない安倍政権など枚挙にいとまがない。

地方公務員にいたっては、地元の活性化など歯牙にもかけず、短絡的な補助金欲しさに、

「人口減少によって自治体が消滅する」などとうそぶいている始末だ。

　ここまで本書は、人口減少危機論がいかに虚偽にまみれた言説かを検証してきた。では、正しい未来が分かったところで、個人としてはどのような準備をしておけばいいのだろうか。終章でおさらいしていこう。

終章

人口減少時代に我々がすべきこと

財政危機なんかのウソを気にするな

人口減少時代に個人として何をすべきかを話す前に、ここまでの話のおさらいと補足を付け加えておこう。

人口減少が日本社会に危機をもたらすはずもなく、地方分権さえ進めれば各自治体も創意工夫で強くなり、生き残っていける。

まず、財務省による日本財政は危機であるとの宣伝を信じるのをやめよう。

こうした風説のせいで、世の中には将来の社会保障のために、増税が必要と信じる人が多い。これは噴飯モノだ。その理由はなんと人口減少だという。繰り返すが人口減少が経済に与える影響と年金制度に与える影響は大したことはない。

人口減少のGDP成長率への影響は、ここ10年ぐらいは、0・2%分程度だったし、今後50年ぐらいの期間で見ても0・7%ぐらいのマイナスに過ぎない。

しかし、それには条件がある。今後、人口が減少して、今と同じ技術水準や人的資本だった場合は、それと同じ率でGDP成長率は低下する。この意味で両者の間には相関がある。ちょっと古い数字だが、内閣府の2003年の『経済財政白書』では、経済協力開発

ICT成長シナリオにおける実質GDPの押し上げ効果

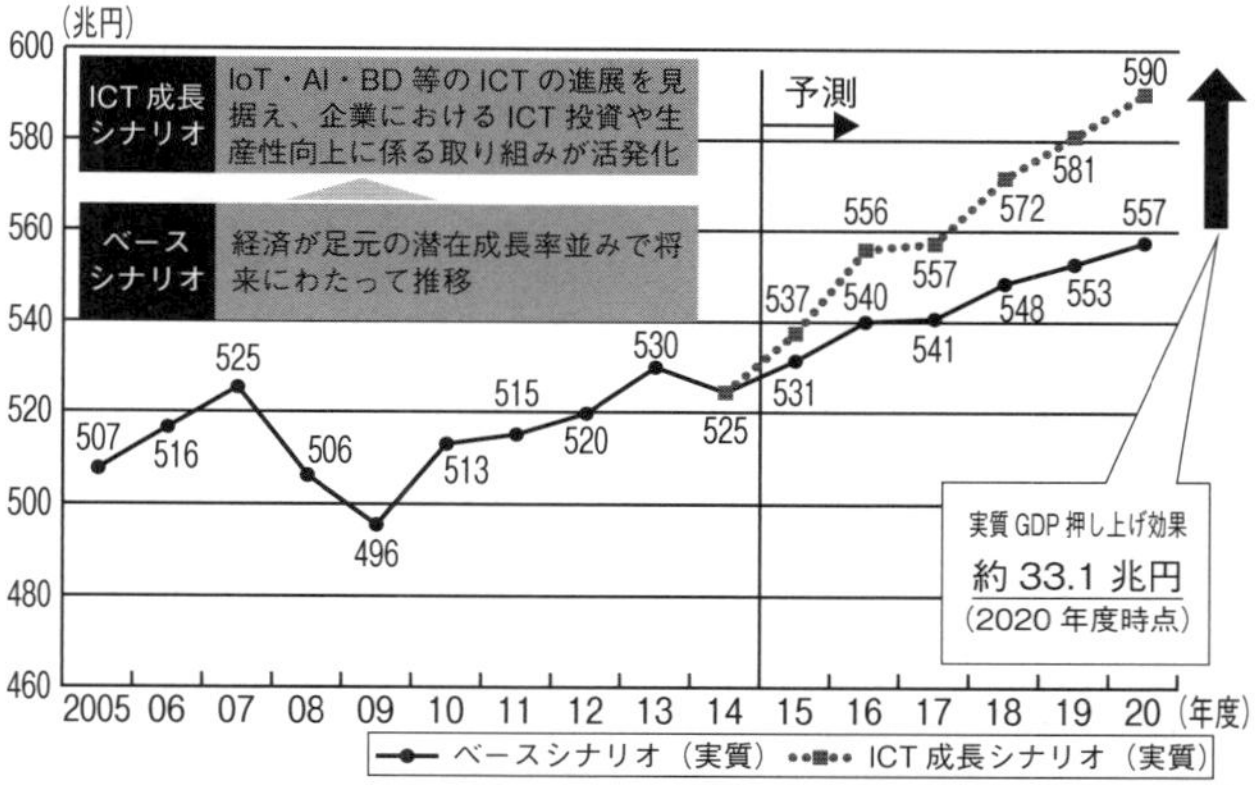

総務省「平成28年度版 情報通信白書」より

機構（ＯＥＣＤ）加盟諸国の１９７１年から２００１年の人口増加率と経済成長率の関係を分析しているが、緩やかに相関関係が見られる。しかし中には、乖離している国もあり、必ずしも強い相関ではない。それは、資本ストックや技術水準、人的資本といった他の要因でＧＤＰ成長率は変わってくるからだ。

逆に言えば、人口増減以外の要因を強化することによって人口減少に伴うＧＤＰ成長へのマイナスインパクトを弱めたりカバーできたりする。例えば、強化する要素として期待できるのがＩＣＴ（情報通信技術）だ。総務省が出している「平成28年版 情報通信白書」によれば、具体的な記述はないが、その図表を見ると、ベースシナリオでは、実質ＧＤＰ

について14年度525兆円が20年度557兆円と年平均1％の伸びである。同図のICT成長シナリオでは、14年度525兆円が20年度590兆円と年平均2％の伸びとなっている。これを見る限り、ICT投資での実質GDPの押し上げ効果は、年率1％程度と考えられる。

さらに、内閣府が出している『中長期の経済財政に関する試算』（2017年7月）の「経済再生ケース」では、「中長期的に経済成長率は実質2％、名目3％以上」を想定している。過去二十数年間のデフレに慣れきった目にはムリに思えるだろうが、非デフレが世界の常識であり、世界の先進国の状況を見れば、大した数字ではない。実質2％を目指すというのは、非デフレが実現した5年、10年先の話である。厳しいように思えるが、非デフレならできるはずだ。他の先進国にできて、日本だけができないという前提が筆者には理解できない。

これらのことから、人口減少が日本経済には必ずしも悪影響でないことが分かるだろう。それは、年金制度等の社会保障についても言える。

例えば、年金では、厳密な数理計算をして、おおむね100年間総額で「保険料」＝「給付額」となるよう、つまり、破綻しないように設計されている。ただ、年金をもらっ

合計特殊出生率の推移：中位・高位・低位推計

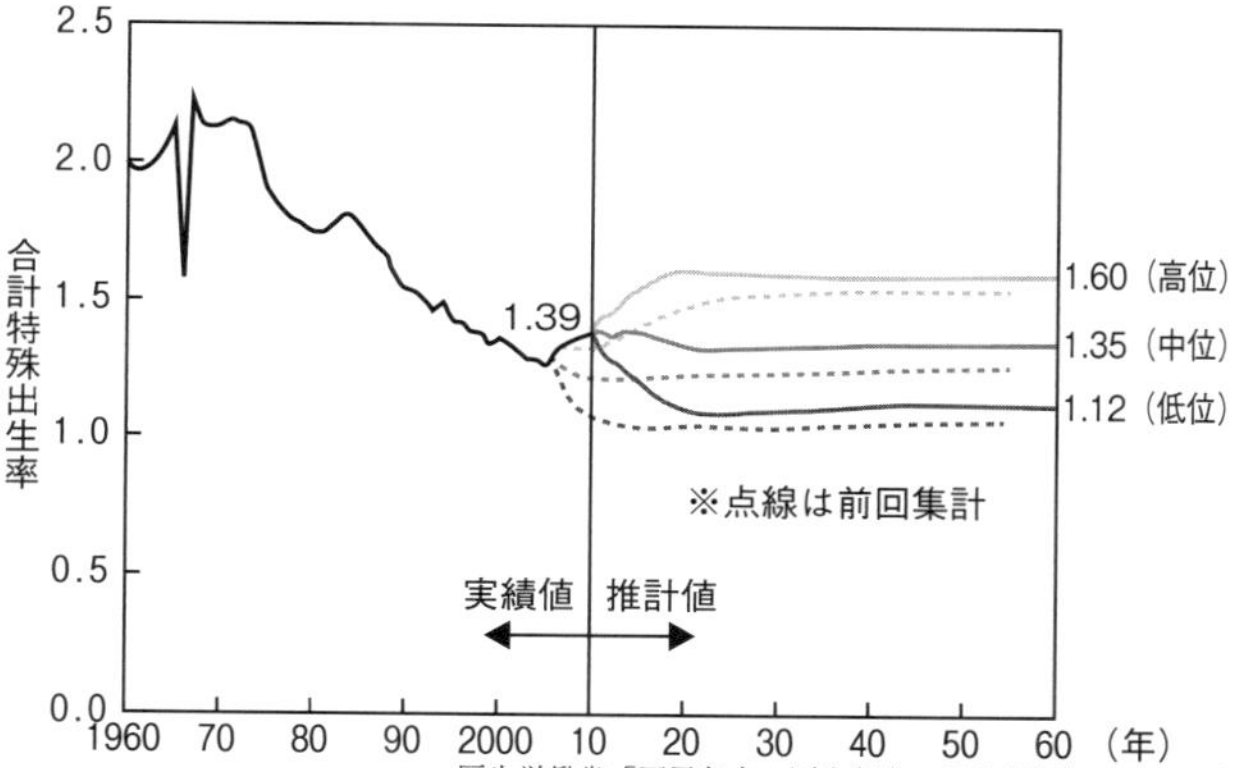

厚生労働省「国民年金、厚生年金の財政検証(2014)」より

ても生活できないほど低水準ではダメなので、給付額はある程度の水準を前提にしている。

年金制度設計は5年ごとに見直されて、厚労省が「国民年金、厚生年金の財政検証」として公表している。

この計算は、出生率や死亡率、経済成長率、物価上昇率、賃金上昇率、運用利回りなどの将来予測を前提に置いているが、給付額に一番影響を与えるのは出生率と経済成長率だ。14年の財政検証では、合計特殊出生率は高位1・60、中位1・35、低位1・12の三つのケースで計算している。

15年の出生率は1・46だった。合計特殊出生率と給付額の関係を計算してみると、合計特殊出生率がただちに0・1%下がり、1・

45となる。それが何十年も続くと、その間、給付額は平均して7％減るという結果だ。

経済成長率（実質）は、財政検証では、1・4％からマイナス0・4％まで8通りのシナリオ（24年度以降20～30年間の平均成長率）を出している。マイナス成長が20年も続くとは考えられないが、シナリオとしては用意してある。そこでは、成長率が0・5％減ると給付額が5％減ると計算している。

極端な場合、出生率、経済成長率とも悪化すれば12％も減ることになる。しかし、それでも、1割程度減るというのは、その時の景気によって左右されるボーナスがちょっと減るのと同じだ。しかも、悲観シナリオでも1割減るという可能性はそれほど大きくはない。

年金の将来不安の理由の1つは、高齢者（65歳以上）1人を支える現役世代（15～64歳＝生産年齢人口）が少なくなっていくことだが、それも検証してみよう。

内閣府のデータによれば、15年には高齢者1人に対し2・3人だったが、65年には1・3人になる。年金財政検証の結果はこうした生産年齢人口の減少を織り込んだうえでの数字になっている。しかし、ここで注意しなければならないのは、これは人数だけの数字で、年金で重要なのは金額、つまり「人数×所得」であるという点だ。つまり、現役世代の給料が増えていれば高齢者1人を支える力も増す。

残念ながら、「失われた20年」と言われる過去20年間は名目GDPが増えず、給料も増えていない。この20年が異常で、そんな状態だったら年金だけでなく、他の制度も続かない。これまでの蓄えがあったから20年間もったのだろうけれど、同じようなことがまた20年間続くならば年金のみならずすべての制度が破綻する。

名目GDPで平均3％ぐらいの成長を続ければ年金制度は維持できる。財政検証の8通りの成長率シナリオのうち、上から3番目の実質成長率0・9％を達成できれば、物価上昇率2％で名目3％になる。決して無茶な数字ではない。

見通しが楽観的と言われるが、世界を見て20年間も名目経済成長率がゼロという国はない。日本の経済成長率は、世界200カ国中、1990年代、2000年代はビリのグループだ（リーマン・ショック時を除く）。先進30カ国でももちろんビリだが、そこからちょっと抜け出して25位ぐらいが名目3％だ。トップクラスの名目6％、7％を目指せというなら楽観的かもしれないがビリに近くてもOKというのだからかなり控えめではないだろうか。

経済成長については世界のビリに近い水準を達成すればいいということを考慮すれば、出生率が悪い方に転んだとしても給付額が計算結果よりもせいぜい5％減るぐらいだろう。

月の給付額が10万円とすれば、9万5000円になるか、10万5000円になるかというレベルの話だ。5%減るぐらいならば、それを破綻とは言わない。いずれにしても、デフレを完全脱却すれば、社会保障破綻に至る悲観シナリオはほぼありえない。

今から老後格差に備えよう

新しい制度を作る時は必ず、規制緩和がセットになる。また、単純労働はAIに置き替わっていく。この規制緩和とAI化で職を失う人も出てくるかもしれない。だからこそ、新しい仕事を探せないような人にとっては今後、厳しい時代になるだろう。

だが、人口減少などよりも自分の身近でもっと注意すべきなのは老後格差だ。大学を卒業した時点では同期と横並びで、その後もし運よく失業しなかったとしても、年を重ねていけば定年頃には大きな格差が開く。同窓会などで、それを痛感する人もいるはずだ。

格差そのものが嫌なら、身も蓋もない言い方だが、全体の寿命を縮めるしかない。「昔は格差が小さかった」と懐古するのはごもっともで、それは寿命が短かったからに他ならない。寿命が延びれば延びるほど、格差もどんどん開いていくものだ。
60歳を超えるともう取り返しがつかない。それまでに何とか頑張ってお金を貯めるしかない。定年後は年金をもらえるが、公的年金で受け取れる年金額はあくまでも最低限のものだ。老後に豊かな生活を過ごしたいのなら、貯蓄をしたり、私的年金に入ったりといった備えが必要となる。

私的年金は公的年金に比べて貯蓄性が高く、保険機能は小さいという特徴がある。そういう意味では「資産運用」の性格が強いと言える。

では、どのような基準で「老後の蓄え」を選べばいいか。ポイントの1つは「税制の恩典」だ。非課税枠を目いっぱい使うのが、賢い老後資金作りである。

例えばイデコ（個人型確定拠出年金）は、限度額までなら所得から保険料を全額控除できる。所得税率が20％の人なら、所得控除を受けると「税制の恩典」により20％も利回りが高くなるようなものだから、たいへんお得だ。

そして、もう1つのポイントが「手数料」だ。多くの金融商品は、販売会社の手数料稼ぎの格好の的になっている。

実は、投資信託の手数料がおよそ3％程度なのに対し、貯蓄型保険の手数料は10％近いものもある。掛け捨て保険になると、さらに高い手数料がかかってくる。もし手数料が3%ならば、商品の利回りが3%以上でなければメリットはない。

このように、「税制の恩典」と「手数料」の2つは、金融商品を選ぶ際の重要なポイントだ。

いざという時はフリーランスが強い

年金だけでは安心して老後を暮らせないと思うなら、老後もずっと働くしかない。

ただし、いくらアベノミクスで雇用状況が良くなっているとはいえ、死ぬまで会社で働き続けるのは無理だ。会社には必ずある時点でクビを切られる。これだけは覚えておいた方がいい。誰でも社長になれるわけではなく、数年に1人しかなれない。同期入社が4人いたとしたら、3人はいつの間にかふっと消えているだろう。会社とはそういうものだ。

サラリーマン時代は、独立しても働けるようになる訓練をしている最中だと思った方がいい。会社から給料をもらっているだけだと、才能を開花させるチャンスを逃すだけで、とてももったいない。あるいは、在職中から副業・兼業でスキルを磨き、ゆくゆくはフリーランスとして活躍できれば最高だ。そうなれば、その収入で年金だけでは足りない老後の生活費を補うこともできる。

筆者の場合は独立して会社を作ったら、働く時間は公務員時代より短いのに、稼ぎは数倍になった。筆者は元国家公務員だから、死ぬほど残業していたはずと言われるが、元々合理主義者なので、ほとんど残業をしなかった。国会待機で残業というが、筆者は連絡先待機といい連絡先の電話番号を係に登録して家等に帰っていた。用事がある時だけ連絡してもらい、残業はやらなかったのだ。

フリーランス協会の「フリーランス白書２０１８」によれば、今やフリーランス（副業・兼業を含む）は１０００万人余りに上ると言われている。だが、アメリカでは1億6０００万人の労働力人口のうち５７３０万人がすでにフリーランス化しており、２０２７年には過半数になるという予測すら出ている。そう考えると、日本ではまだまだおいしい話があることに気付いていない人が多い。こんなに差があるのに、なぜフリーランスになる人が少ないのか、とても不思議だ。しかも、自分の会社なので、上司がおらず、ストレスは全くない。

筆者も「天下りした方がよかったのでは？」とも言われるが、そんなことはない。というのも、筆者は天下り問題の処方箋として国家公務員法改正案を10年前に企画立案した本人だ。もし、禁止した本人が天下ったとなれば大笑いされるだろうし、そもそも天下り先なんて居心地が悪い。省庁の外郭団体や大企業がなぜ天下りを受け入れるかといえば、正直なところ、天下ってやってくる人間の能力なんてものはどうでもよく、親元（省庁）との関係を良好に保つための「保険」として扱われているだけだ。天下りした人は、いわば「人質」であり、そんな扱いをされ続けては精神衛生上よろしくない。一流企業でも「天下り」はあるが、現役の時に輝いていた人が「天下り」した後、急に精気がなくなるのはよくある話。それは長い人生でもったいないことだ。

人口減少社会になると規制緩和も進み、その人の希少性がますます問われてくる。正社員をたくさん雇っていたら大変だから、スポットで非正規を雇う企業も増えるだろうし、1つの会社にしがみつきたくないというフリーランスの人も増え、「オール副業化時代」に突入するだろう。実際に、これまでフリーランスといえばクリエイター職というイメージが強かったが、最近は、営業、事務、広報など多岐にわたる職種の人が活躍している。これらの職種は、自分で好きなことを行い、ストレスフリーという特徴がある。

自分の才能を信じ、スキルを身につけ、組織に属さなくとも自分の力で食べていけるだけの武器を身につけていってほしい。「好きこそものの上手なれ」という言葉がある。自分が好きなことは、他人より自分のアドバンテージになりやすい。

今や、特定の組織に属さなくても、SNS等があるので、社会との関係を維持するのは可能である。ギクシャクした組織内で他人の目を気にしながら生きているのはもったいない。それを気にしなくなれば、自分の人生を生きることができる。その上で、自分で好きなことをやって、それで生活できれば最高である。

といっても、物事には準備が必要であり、いきなり組織を飛び出し、好きなことでフリーランスとしてやっていけとも言えない。

筆者も学生などには、まずは社会の仕組みを勉強するために組織に属するべきだと言っている。今では、就職率はほぼ100％というほど雇用環境がいいので、どんな大学生でも複数の会社から内定をもらえる。これが6年前の民主党政権時には、大学によっては就職率6、7割、内定をもらえればラッキーで内定先がブラック企業と分かっていても就職せざるを得ない時代だった。それが今では就職先を選べるようになった。

そこで学生などには、就職先を選ぶには、社会勉強として好都合なところを選べと言っている。いずれ将来は、一本立ちして自分の会社を作り、特定企業に属さないで働けるように、それに向けてのステップとして就職先を考えるわけだ。

人生は長くなっている。昔は60歳で引退、その後年金生活だったが、今は引退時期が65歳、70歳にもなろうとしている。

どうでもいいような人口減少で社会危機を考えるくらいなら、長寿化に向けて自分自身の生活を考えるべきである。

社会勉強のために就職した企業もすぐ辞めるのではなく、じっくりと見学してみよう。と同時に、自分のスキルを身につけておこう。そのために、副業解禁は大いに活用しよう。まだ副業を解禁する企業は多くないが、今の人手不足環境もあり、先進的に副業を認める企業も多くなることだろう。

さすがに、60歳くらいになると、もう新たなチャレンジというわけにはいかないが、30歳代、40歳代なら、まだまだ可能性は残されている。もっとも、こればかりは人によって異なっているので自分の特性を見極めてからにしよう。

いずれにしても、長寿化は間違いないので、人生を楽しむチャンスが多くなったと楽観的に生きていこうではないか。

参考文献一覧

・書籍・雑誌・ムック

河合雅司『未来の年表 人口減少日本でこれから起きること』（講談社、２０１７年）

河合雅司『未来の年表2 人口減少日本であなたに起きること』（講談社、２０１８年）

エイ出版社編集部『驚愕！　日本の未来年表』（エイ出版社、２０１７年）

世界博学倶楽部『超ビジュアル 日本&世界の未来年表』（ＰＨＰ研究所、２０１８年）

洋泉社編集部『日本の未来１００年年表』（洋泉社、２０１７年）

・Webサイト

国立社会保障・人口問題研究所「日本の将来推計人口（平成29年推計）」
http://www.ipss.go.jp/pp-zenkoku/j/zenkoku2017/pp29_gaiyou.pdf

日本政策金融公庫「教育費負担の実態調査結果（平成30年2月14日発表）」
https://www.jfc.go.jp/n/findings/pdf/kyouikuhi_chousa_k_h29.pdf

日本銀行「全国企業短期経済観測調査（短観）（２０１８年６月調査全容）」
https://www.boj.or.jp/statistics/tk/zenyo/2016/all1806.htm/

年金積立金管理運用独立行政法人
https://www.gpif.go.jp/

守口市「平成29年４月１日から０歳～５歳児の幼児教育・保育の無償化を実施」
http://www.city.moriguchi.osaka.jp/lifeinfo/kakukanoannai/kodomobu/kodomoseisakuka/musyouka/1497326137547.html

福島県「出産に関する支援」
https://www.pref.fukushima.lg.jp/uploaded/attachment/77024.pdf

経済協力開発機構（OECD）「Family Database」
http://www.oecd.org/els/family/SF_2_4_Share_births_outside_marriage.pdf
ブリティッシュ・カウンシル「移民統合政策指標（MIPEX）（２０１５年版）」
http://www.mipex.eu/
国際連合『世界人口予測２０１７年改定版』（２０１７年６月）
http://www.un.org/en/index.html
山脇啓造「多文化共生の新時代」（全国市町村国際文化研修所、２０１５年８月26日）
https://www.jiam.jp/melmaga/kyosei_newera/NCprof.html
舞田敏彦「婚外子が増えれば日本の少子化問題は解決する?」（Newsweek、２０１７年７月13日）
https://www.newsweekjapan.jp/stories/world/2017/07/post-7974.php
スイス・リー・グループ「sigmaNO3/2018」
http://www.swissre.com/library/publication-sigma/sigma_3_2018_en.html
公益財団法人 生命保険文化センター「ねんきんガイド」
https://www.jili.or.jp/
荒井晴仁「農業所得の捕捉率について」（レファレンス、２００７年８月号）
http://www.ndl.go.jp/jp/diet/publication/refer/200708_679/067902.pdf
※本文中のデータの多くは、総務省（統計局）、厚生労働省、内閣府（国家戦略特区）、文部科学省、国税庁、財務省など各省庁の公開内容から抜粋。公知の事実関係については、各通信社や新聞社、メディアを参照

高橋洋一（たかはし・よういち）

1955年東京都生まれ。数量政策学者。嘉悦大学ビジネス創造学部教授、株式会社政策工房代表取締役会長。東京大学理学部数学科・経済学部経済学科卒業。博士(政策研究)。1980年に大蔵省(現・財務省)入省。大蔵省理財局資金企画室長、プリンストン大学客員研究員、内閣府参事官(経済財政諮問会議特命室)、内閣参事官(内閣総務官室)等を歴任。小泉内閣・第一次安倍内閣ではブレーンとして活躍。「霞が関埋蔵金」の公表や「ふるさと納税」「ねんきん定期便」などの政策を提案。2008年退官。菅義偉内閣では内閣官房参与を務めた。『さらば財務省!』(講談社)で第17回山本七平賞受賞。その他にも、著書、ベストセラー多数。

構成／岡田光雄（清談社）、大根田康介

扶桑社新書　286

未来年表
人口減少危機論のウソ

2018年11月1日　初版第一刷発行
2023年4月10日　第六刷発行

著　　者………高橋洋一
発 行 者………小池英彦
発 行 所………株式会社　扶桑社
〒105-8070 東京都港区芝浦1-1-1 浜松町ビルディング
電話　03-6368-8870（編集）
　　　03-6368-8891（郵便室）
www.fusosha.co.jp

DTP制作………株式会社 センターメディア
印刷・製本………株式会社 広済堂ネクスト

 ISBN 978-4-594-08085-3